Muhyiddin Ibn Arabi

Der verborgene Schatz

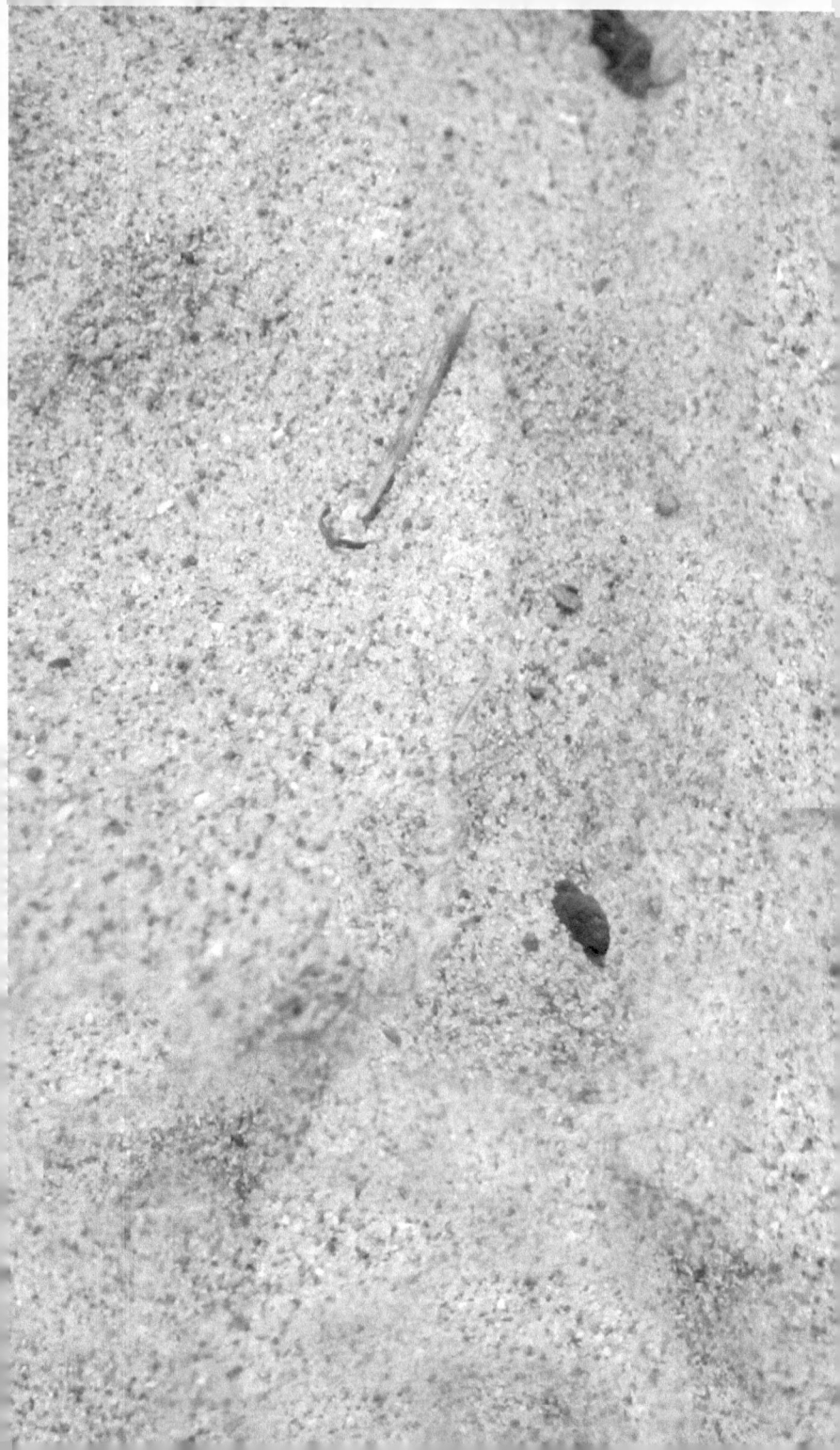

محمد علي بن العربي

Muhyiddin Ibn Arabi

Der verborgene Schatz

Des größten Meisters
mystische Philosophie der Einheit
aller Existenz

Aus dem Englischen
übersetzt und herausgegeben
von Stefan Bommer

Mit einer Einführung
von Bulent Rauf

Chalice Verlag

Die englische Übersetzung des *Lubbul Lubb*
erschien unter dem Titel *The Kernel of the Kernel*
1981 bei Beshara Publications, Roxburgh, Scotland

The Mystical Philosophy of Muhyid Din Ibnul Arabi
erschien 1939 in der Cambridge University Press, England

Die englische Übersetzung des *Kitab al-Ajwibah*
erschien unter dem Titel *Whoso Knoweth Himself...*
1976 bei Beshara Publications, Abingdon, Oxon

© der *Einführung von Bulent Rauf*
Meral Arim, 2001

© der deutschen Übersetzung
Chalice Verlag, Zürich 2006
www.chalice.ch
Alle Rechte vorbehalten

Umschlagbild und Frontispiz: Alois Alexander
Buchgestaltung: Robert Cathomas
Herstellung: Books on Demand GmbH
Printed in Germany

ISBN 3-905272-72-5

Ich war ein verborgener Schatz und
Ich sehnte Mich danach, erkannt zu werden;
also erschuf Ich die Welt,
auf dass Ich erkannt werde.

Hadith qudsi des
PROPHETEN MOHAMMED
(Friede und Segen seien mit ihm)

Der Chalice Verlag widmet diese Publikation
den wahrhaft Suchenden aus allen Traditionen und Richtungen.
Mögen unsere verschiedenen Wege, in gegenseitigem Respekt
und Toleranz, uns alle zu der Einen Quelle führen.

بسم الله الرحمن الرحيم   مقدمة الكتاب

قلنا وربما وقع عندك ان اجعل هذا الكتاب ابوابا وفصولا
على العادة الموضوعة دلالة الفاتحة والبراهن الساطعة
ثم رايت ان ذلك يشعب على المناهب الطالب للمزيد
المتعرض لنفحات الجود باسرار الوجود فان المناهب
اذا انع الخلوة والذكر ونزع المحمل بن العظيم وقعد
فقيرا لا شي له عند باب ربه حينئذ يمنحه الله تعالى
ويعطيه من العلم به والاسرار المواهب والمعارف
الربانية التي اتى الله سبحانه بها على عبده خضر مع ال
عبدنا عمادنا اتنا رحمة من عندنا وعلمناه من لدنا
علما وما يعلى واتوا الله ويعلمكم الله وقال ان تتقوا
الله يجعل لكم فرقانا وما يجعله نورا تمشون به
قبل للجنيد بم نلت ما نلت فقال بجلوسى تحت هذا الدرج
ثلاثين سنة وقال ابو يزيد ا خذتم علمكم ميتا عن ميت
وا خذنا علمنا عن الحي الذي لا يموت فمحصل الصاحب
المعرفة لا الخلوة مع الله وبه جلت هبته وعظمت منته
من العلوم ما بجب عمرها كل متخلق على التنسبحة

Die erste Seite der Einführung zum *Futuhat al-Makkiyah*, den *Mekkanischen Eröffnungen*, in Ibn Arabis eigener Handschrift (etwa um 1231).

Inhalt

Der innerste Kern

Einführung von Bulent Rauf 11

Kapitel 1	15	Kapitel 5	34
Kapitel 2	17	Kapitel 6	41
Kapitel 3	23	Kapitel 7	46
Kapitel 4	29	Kapitel 8	54

Die Neunundzwanzig Seiten

Sein 65
Das Eine und das Viele 67
Immanenz und Transzendenz 70
Kausalität 73
Die Göttlichen Namen 76
Die latente Realität der Dinge 81
Die Selbstmanifestation des Einen 85
Die Wirklichkeit des Wirklichen 87
Der Vollständige Mensch 90
Heiligkeit 95
Wissen 97
Das Herz 103
Die Seele 106
Khayal 110
Fana und *baqa* 114
Glaubenssysteme 118
Gut und Böse 120
Liebe und Schönheit 124

Wer sich selbst kennt...

Einführung von Stefan Bommer 129
Dies ist die Aussage des größten Scheichs 131

Muhyiddin Ibn Arabi 148

Der innerste Kern

Lubbul Lubb

Eine von
Ismail Hakki Bursevi (1653–1725)
übersetzte und kommentierte Auswahl
aus Muhyiddin Ibn Arabis
*Mekkanischen Eröffnungen
(Futuhat al-Makkiyah)*

Einführung von Bulent Rauf

MUHYIDDIN IBN ARABI IST BEKANNT ALS DER SHAYKH *al-Akbar,* der größte aller Scheichs. Dies nicht nur wegen des Umfangs seiner Schriften, sondern auch wegen der Qualität seiner Darlegungen als ein Lehrer der Mittel und Wege, mit deren Hilfe der Student der Metaphysik auf eine höhere Stufe der Gnosis gelangen kann. In der gesamten Sufi-Tradition ist das Ziel die – schrittweise – Entwicklung des Menschen, bis er einen Punkt von *ma'arifa* (Göttlichem Wissen) erreicht, an dem er als der *arif* (der Wissende) erkannt wird. Ein *arif* zu sein, ist kein Ziel in sich selbst, da das wirkliche Sufi-Ziel die Vereinigung ist. Durch den Weg, den der *arif* in seinem weiteren Aufstieg und seiner Entwicklung nimmt, wird er sich seinem Ziel nähern. Dies tut er durch einen Reifungsprozess, nicht nur durch Introspektion, aber auch vermittels des Studiums des Ursprungs seines Selbsts: Er wird mit der Frucht verglichen, die in ihrem eigenen Kern nach der Ursache und der Möglichkeit der eigenen Reifung suchen muss. Ibn Arabis *Innerster Kern* ist eine unschätzbar wertvolle Klärung der Stadien des Fortschreitens, nicht einfach für irgendwen, sondern vielmehr für den *arif,* der nach der Struktur seines Kerns sucht.

Ibn Arabis Werke sind zahllos – gut über dreihundert. Oft schrieb er, was wir Pamphlete nennen könnten, und beschäftigte sich mit der einen oder anderen wichtigen Frage, die der detaillierten Erhellung oder Bestätigung bedurfte. *Der innerste Kern* ist kein solches, noch ist es eine Diskussion eines Laien interessierenden Themas oder einer Neugier. In der Tat ist es ein Dialog mit einem Mystiker oder Gnostiker *(arif),* der bereit ist, weiter in die Tiefen seines Inneren zu schauen, in den innersten Kern, der seine Essenz ist. Es ist keine leichthin geführte Diskussion, in der gewichtige Themen angedeutet werden oder auf solche hingewiesen wird, sondern eine eindeutige Erklärung und Anweisung, wie dieser Kern, im Innern einmal gefunden, zu verstehen und zu kosten ist, wenn der Mensch zu einer höheren Ebene mystischer Intuition gelangen will. Da das ganze Ziel der Gnosis die Vervollständigung des Menschen ist, gibt Ibn Arabi in diesem Traktat eine qualitative, nachvollziehbare Schilderung dessen, was es braucht, um vollständig zu werden, vollkommen ausgereift, und als Abbild des Mensch-Gottes in Erscheinung zu treten.

Doch in den letzten Stadien der Vereinigung muss der Bewerber verschiedene Stufen des Verstehens besitzen, von denen Ibn Arabi spricht, die er aber »in Worten oder Schrift, weil es nicht gestattet ist«, nicht erklären kann. Dieses kurze Werk Ibn Arabis, eine seiner wichtigsten Schriften, ist ein Buch, das sich an den Gnostiker richtet, worin maßgebend und sehr direkt beschrieben ist, worauf Philo von Alexandria verweist: »Der Vollständige Mensch ist Gott, aber nicht *der* Gott.«

Ibn Arabis ›Metaphysik‹ basiert ganz auf der einfachen Tatsache der Einheit der Existenz. Das bedeutet nicht, dass eine Vielheit in Einssein vereinigt wird, sondern dass es nichts anderes gibt als dieses *einzig* und *einzigartig Existente,* worin die Vielheit ein Relativwerden des Absoluten Einsseins ist – von der Einzigkeit aus zur Vielheit hin betrachtet (damit bereits im zwölften Jahrhundert Einstein bestätigend), wenn auch in Umkehrung –, wo alles relativ ist, eins zum anderen, aber seltsamerweise *ad infinitum.*

Nur wenn der Leser sich der wesentlichen Prämisse von Ibn Arabis Metaphysik bewusst ist, der Einheit der Existenz *(wahdat al-wujud),* die er umfassender diskutiert in seiner *Abhandlung über das Sein,* dem *Risalat al-Wujudiya (Wer sich selbst kennt...),* kann er die Verworrenheit und Tiefe des *ma'arifa* gänzlich wertschätzen, die notwendig ist für die vollständige und klare Schau der Entfaltung der absoluten Einzigartigkeit der Selbstheit zur Vielheit der Immanenz. Kurz, es ist wie eine grandiose Treppe, die dem Menschen von oben vor die Füße geworfen ist, wo der Mensch steht, bereit zum Aufstieg zu seinem Ursprung und seiner Essenz, bewaffnet mit nichts anderem als Wahrhaftigkeit und Entschlossenheit. In dieser Übersetzung, die sich so eng wie nur irgend möglich an den ursprünglichen Text hält, mögen verschiedene Abschnitte unangemessen erscheinen, da sie Hinweise ohne genügend befriedigende Ausarbeitung anführen. Meist hat das zu tun mit Ibn Arabis Art sich auszudrücken, da sein Ideal die *jawami' al-kalim* ist (wenige zusammengestellte Worte, um viele Dinge zu erklären). Mit anderen Worten, sogar in Ibn Arabis arabischen Schriften wird bestimmten Stellen absichtlich obskurer Anschein verliehen, damit der Leser lerne, entsprechend seiner Fähigkeit, die angemessene Bedeutung aus dieser Ansammlung von Worten zu lesen, die diese Sätze bilden. Es ist nicht die Absicht dieser Übersetzung, das private und persönliche Verstehen des Lesers anzuleiten oder in irgendeiner Weise zu beeinflussen. Folglich entspricht diese Übersetzung so weit wie möglich nicht nur der wörtlichen Bedeutung von Ibn Arabis Darlegungen, sondern auch dem Geist seines Schreibens. Sie vermeidet gewissenhaft jede Einmischung in das individuelle Verstehen des Lesers. Jede Erklärung und erläuternde Fußnote wurde peinlichst vermieden. Zur Verwirklichung dieser Absicht wurde die Übersetzung einer Reihe von Mitarbeitenden zur Korrektur und Beseitigung jeder Beeinflussung durch die Konstruktion eines Satzes oder den Gebrauch eines Wortes vorgelegt. Kurz, die Übersetzung präsentiert sich dem Leser als Kern von Ibn Arabis *Innerstem Kern*.

So bleibt dem Übersetzer nur noch, die Dankbarkeit zum Ausdruck zu bringen, die er gegenüber Ibn Arabi (möge Gott sein Geheimnis bewahren) selbst hat und auch gegenüber dem großen Heiligen und *qutb* seiner Zeit, Ismail Hakki Bursevi (möge Gott sein Geheimnis bewahren), dem Oberhaupt des Dscheluti-Ordens der Sufis, für die türkischen Anmerkungen und die Übersetzung des Originaltextes. Möge Gott uns alle führen.

Bulent Rauf (1911–1987) widmete viele Jahre seines Lebens der Vermittlung des Wissens um die Absolute Einheit aller Existenz. 1975 gründete er die Beshara Schule für esoterische Erziehung in Schottland, an welcher seither Hunderte von Studentinnen und Studenten in den Grundlagen der Spiritualität unterrichtet wurden. Er war der erste Präsident der Muhyiddin Ibn Arabi Society, die sich der Pflege und Weitervermittlung der Werke des großen andalusischen Mystikers verpflichtet hat. Bulent Raufs literarisches Hauptwerk ist die vollständige englische Übersetzung der vierbändigen, von Ismail Hakki Bursevi ins Türkische übertragenen und kommentierten Ausgabe von Ibn Arabis *Fusus al-Hikam*.

Kapitel 1

EINES DER THEMEN, WELCHES IBN ARABI IN SEINEM FUTU-
hat al-Makkiyah besonders erläutern will, ist dieses: »Wenn ein Gnostiker *(arif)* wirklich ein Gnostiker ist, kann er nicht an eine Form von Glauben gebunden bleiben.«

Das bedeutet, dass ein Wissender, der sein Sein in seiner eigenen Selbstheit in all seinen Bedeutungen erkennt, nicht in einer Überzeugung gefangen bleiben wird. Er wird den Umfang seines Glaubens nicht vermindern. Er ist wie *materia prima (hayula)*, und er wird jedwede Form akzeptieren, die ihm begegnet. Diese Formen sind äußerlich, daher gibt es für den Kern in seinem inneren Universum keine Veränderung.

Der Kenner Gottes *(arif bi'llah)*, was immer sein Ursprung ist, bleibt derart. Er nimmt alle Arten von Überzeugungen an, bleibt aber nicht an eine bildhafte Überzeugung gebunden. Was immer sein Platz im Göttlichen Wissen ist, das wesentliches, essenzielles Wissen ist, er bleibt an diesem Platz; er kennt den Kern allen Glaubens und erkennt das Innere, nicht das Äußere. Er anerkennt die Sache, deren Kern er kennt, welches Gewand sie auch zeigt, und in dieser Angelegenheit ist sein Umfang groß. Ohne die Kleider zu betrachten, unter denen sie sich im Äußeren zeigen, erreicht er den Ursprung dieser Überzeugungen und bezeugt sie von jedem möglichen Ort her.

Beide Welten sind durch die Offenbarung Gottes.
Betrachte die Schönheit der Wahrheit, von woher du willst.

* *
 *

Ein Hadith erläutert wie folgt: Wenn Menschen, denen das Paradies bestimmt ist, ihre Station erreichen, bietet der Herr einen kurzen Augenschein, indem Er den Vorhang, der Seine Großartigkeit und Erhabenheit verbirgt, ein wenig lüftet, und sagt: »Ich bin dein Großartigster Herr.« Das bedeutet, Ich bin dieser Großartige Gott, Den zu sehen du über Jahre hinweg geschmachtet und dich gesehnt hast. Diese Offenbarung Gottes erstaunt sie, und sie leugnen sie und sagen: »Niemals kannst du unser Herr sein.« Dabei toben und wüten sie. In diesem Augenblick verändert sich die Offenbarung drei Mal, und jedes Mal leugnen sie wieder. Dann fragt sie Gott: »Hast du einen Hinweis auf deinen Herrn?« Sie antworten: »Ja, einen solchen gibt es.« Dann erscheint Er jedem entsprechend der Ebene und der Fähigkeit des Verstehens von eines jeden Mutmaßung und Überzeugung. Nach dieser Offenbarung akzeptieren sie und sagen: »Du bist unser Herr, der Großartigste aller Großartigen.« Entsprechend dem Hadith: »Du wirst deinen Herrn betrachten wie den Vollmond und in Ekstase dich verlieren.« Obwohl es derart ist, bestätigen die Leute der Gnosis Gott endgültig während der ersten Offenbarung, weil sie sich alle Überzeugungen zu eigen gemacht und Befähigung für alle Offenbarungen erlangt haben.

> Diejenigen, die ihren Geliebten heute erkennen,
> Sind die, welche morgen erkennen werden.
> Was werden jene vom Geliebten dort wissen,
> Die hier zu den Blinden gehören?

**

Tatsächlich wird daher im heiligen Koran gesagt: »Die Person, die in dieser Welt blind ist, ist auch in der anderen blind.« Das bedeutet: Wer sein Auge der Bedeutung hier noch nicht geöffnet hat, wird in der gleichen Art blind sein, wenn er in die andere Welt umgezogen ist. Folglich wird er nicht in der Lage sein, die Göttliche Offenbarung zu erkennen (wenn sie ihm erstmals gezeigt wird). Worum wir Gott bitten, ist, dass Er alle Seine Diener vor einem Glauben bewahren möge, der nicht weiter als zur Nachahmung und zum Anschein reicht.

Hier ergibt sich eine bestimmte Frage: Wie versteht eine Person, welche die Begabung hat für den Zustand der Gnosis *(ma'arifa)*, ihre eigene Wirklichkeit? Dies kann wie folgt beantwortet werden: Es ist notwendig, dass sie einen Gnostiker findet, der sein eigenes Selbst kennt. Nachdem sie ihn gefunden hat, macht sie, aus der Tiefe ihres Herzens, dessen Charakter zu ihrem eigenen. Die Person der Gnosis soll, um ihren eigenen Ursprung zu finden, an diesem Weg festhalten. Der folgende koranische Vers weist auf diese Bedeutung hin: »Suche nach Mitteln und Wegen, die dich zu Ihm bringen.« Die Erklärung dafür mag Folgende sein: Es gibt unter Meinen Dienern diejenigen, die Mich gefunden haben. Wenn du Mich finden willst, folge ihren Fußstapfen. Sie werden für dich Mittel und Weg; schließlich führen sie dich zu Mir. Wenn dem so ist, dann kann eine Person zur Erkenntnis ihrer selbst gelangen, wenn sie diesen Leuten dient. Sie wird verstehen, woher sie kam und wohin sie geht, und sie wird eine Ahnung bekommen von der Station des gegenwärtigen Zustandes.

Ein Hadith erläutert den Sinn und Zweck des In-diese-Welt-Kommens folgendermaßen: »Ich war ein verborgener Schatz und sehnte Mich danach, erkannt zu werden, also erschuf Ich die Schöpfung, auf dass Ich erkannt werde.« So ist die Ordnung; aber Gott zu kennen, ist keine leichte Angelegenheit, bis man zur Kenntnis seines Selbsts gelangt.

Der folgende Hadith erläutert: »Wer sich selbst kennt, kennt seinen Herrn.« Auch das Gegenteil gilt, und die Leute dieses Zustandes verstehen das. Viele Leute der Elite oder Gelehrte messen diesem Hadith unterschiedliche Bedeutung zu, so weit, wie es ihre jeweilige Intelligenz zulässt. So Gott will, wird eine Bedeutung auf der Ebene der Elite zum Ausdruck gebracht. Wie auch immer, an dieser Station wurden sieben verschiedene Formen bemerkt, die weiter unten entwickelt werden.

Kapitel 2

Erste Form

Wenn eine Person in ihrem Körper den partiellen Geist in jener Form versteht, die das Sprechende Selbst *(nafs al-natiqa)* genannt werden mag, wenn der Zustand dieser Person derart ist, dann ist sie in der ersten Form. Diese Station wird die Station der Reise genannt. Gemäß den Leuten der Vereinigung bedeuten Selbst, Herz, Geist, Intellekt und Geheimnis ein und dasselbe. Diese unterschiedlichen Namen sind der gleichen Sache gegeben. Diese nimmt zu verschiedenen Zeiten unterschiedliche Formen an.

Die Sache, die als Sprechendes Selbst bekannt ist, hat weder Leben noch Körper, aber Einfluss und Handlungsmöglichkeit außerhalb und innerhalb des Körpers; und doch hat sie weder Ort noch Anzeichen von Existenz. Obwohl sie keinen besonderen Standort hat, ist, wann immer du mit deinem Finger auf etwas zeigst, dieses da und scheint dort in seiner ganzen Totalität zu existieren. Des Weiteren sind Teilung, Trennung und Dinge dieser Art für sie nicht möglich. Sie ist das, was in des Menschen Hand hält, was in seinen Augen schaut, was in seiner Zunge spricht, was in den Füssen geht, was in seinen Ohren hört und, kurz gesagt, in all seinem Empfinden präsent und herrschend ist.

Sie ist vollständig und wesentlich gegenwärtig in jedem Teil des Körpers. Nachdem sie den ganzen Körper umschrieben hat, ist sie gegenüber jedem Teil des Körpers transzendent und frei von einem jeden von ihnen. Würden ein Finger oder ein Fuß abgeschnitten, würde sie keine Verminderung erleiden, auch würde sie keinen Teil ihrer selbst verlieren. Auf jeden Fall ist sie in seinem Zentrum, wie sie das immer war, und sie verbleibt beständig und gegenwärtig. Wenn der Körper vernichtet wird, erleidet sie weder den Verlust der Existenz noch Auflösung. Zum Verständnis dessen gibt es Bedeutungen, die in keine Begrenzung oder Berechnung passen.

Zweite Form

Lass den, der in dieser zweiten Form ist, zum Horizont schauen. Das heißt, lass ihn zum Horizont schauen, wo das Ganze Selbst ist (…) Dieses heißt Intellekt, Qualifizierter Ganzer Geist, Vizeregent. Es hat keine körperliche Form und ist nicht einmal außerhalb dieses Universums und seiner Himmel; aber es umfasst alles Existierende, und darin ist es gegenwärtig und herrschend. Im Verhältnis dazu sind sich die höchste Höhe und die tiefste Tiefe gleich. Es ist mit seiner eigenen Selbstheit in jeder dieser Stufen gegenwärtig. Es kann nicht aufgeteilt oder aufgegliedert werden. Wenn die Himmel einstürzten und die Erde zerstört würde, ihm würde nichts geschehen.

Welchen Unterschied macht es, zum Beispiel, für die Sonne und wie könnte sie darunter leiden, dass sie in jeden Turm, jeden Palast, jedes Haus eindringt, die auf der Welt gebaut wurden? Wie auch immer, jeder Kamin, jeder Raum oder jeder Saal nimmt Licht entsprechend seiner Fenster auf. Ebenso, wie niemand sich vorstellen könnte, dass der Sonne irgendetwas geschähe, stürzten diese Häuser ein und würden die Paläste zerstört, genauso geschähe ihm nichts. Es spielt keine Rolle, wie viele Menschen und Geschöpfe Gott erschaffen hat; Er kann in ihnen allen die

Bestimmungskraft und über alle die Herrschaft haben. Wie viele von den Lebenden auch immer sterben, dieser Qualifizierte Geist bleibt für immer gegenwärtig und in welchem Zustand er auch immer war.

Daher wird derjenige, der diesen Geist besitzt, wenn er zu den Horizonten schaut, falls er diese Zustände kennt, verstehen, was diese zweite Form ist.

Dritte Form

In dieser Station erfährt der Mensch weitere Entwicklung und erkennt, dass das, was sein besonderer Geist genannt wird, nicht-existent und im Ganzen Selbst vernichtet ist, und er wird im Qualifizierten Geist lebendig (...) Lass ihn bemerken, dass der Geist der Ganze Geist ist und dass der Intellekt der Ganze Intellekt ist, und dies bemerken mit der Gewissheit der Wahrheit *(haqq al-yaqi)* und dann alles von sich werfen, was ›besonders‹ genannt wird. Lass ihn verstehen, dass alles an das Ganze gebunden ist. Derart ist die dritte Form.

Vierte Form

Dann (...) lass ihn weiter in diese Station aufsteigen. Lass ihn seinen Geist aufgelöst im Qualifizierten Geist finden. Und nun lass ihn erkennen, dass der Qualifizierte Geist in der Selbstheit Gottes aufgelöst ist. Lass ihn befreit sein von beiden, den Besonderheiten und den Ganzheiten. Wenn ihm dies geschieht, erkennt er alle Tätigkeiten als in den Handlungen Gottes ausgelöscht, alle Namen und Eigenschaften im Namen und der Eigenschaft Gottes, alle Selbstheiten in der Selbstheit Gottes aufgelöst, und er erkennt sie als nicht-existent. Wenn er darin sicher ist, dann hat er erreicht, was als Nähe durch Wissen *(ilm al-yaqi)* und Nähe durch Wahrheit *(haqq al-yaqi)* bekannt ist, und er erreicht die Station des vollständigen Zeugnisses.

Unter dem Mantel der Existenten gibt es nichts anderes als Ihn: Dessen Bedeutungen lernt er durch das Innere kennen, und er weiß auch mit Gewissheit, nachdem er ein Verständnis der Bedeutung des koranischen Zitats erlangt hat: »Wem gehört heute alles? Gott, dem Einen und vollständigen Vernichter«, dass es im Inneren nichts anderes gibt als Gott.

Bis jetzt haben wir vier Formen erwähnt. Diese können auch folgendermaßen bezeichnet werden:

1. *Enfus* – Innerlich
2. *Afaq* – Horizonte, äußere Existenz
3. Die Vereinigung der ersten und zweiten Form
4. Die Auflösung der ersten, zweiten und dritten Form in der Selbstheit Gottes.

Fünfte Form

Dies ist eine Station solcher Art, dass hier jede Station, die vorher erwähnt wurde, als eine erkannt und beachtet werden sollte. Die Person, die diese Station erreicht hat, wird oft als Sohn der Zeit *(ibn al-waqt)* bezeichnet.

Sechste Form

Die Person, die diese Station erreicht hat, ist ein Spiegel für alles. Der Reisende in dieser Station findet auf seinem Weg niemanden außer sich selbst und sieht alles mit sich selbst verbunden. Er sagt: »In meinem Mantel ist nichts außer Gott. Könnte in den beiden Welten jemand anderes als ›Ich‹ sein?« Das bedeutet, dass er für alles ein Spiegel ist und alles in ihm gespiegelt wird. Vielleicht ist er sogar das Glänzen dieses Spiegels und das, was widerspiegelt wird. Davor war er der Sohn der Zeit, und er pflegte zu sagen: »Es gibt keine Existenz außer Gott.« Wenn er diese Station gefunden hat, wird er sagen: »Es gibt nur ›Ich‹«, und er wird oft als Vater der Zeit *(abd al-waqt)* bezeichnet.

Siebte Form

Der Mensch, der zu dieser Station kommt, ist nun in vollständiger Auflösung. Vollständig und einfach hat er Nicht-Existenz erreicht, und von nun an erreicht er im Dasein *(baqa)* Dasein *(baqa)*. Danach würde man von ihm nicht sagen, er befinde sich in einem Zustand oder einer Station. Hier hat er weder Beobachten, noch Zeugnis, noch Gnosis, und deren Erklärung oder Deutung ist nicht möglich, weil dieser Platz eine Station vollständiger Nicht-Existenz ist. Sogar das Wort »Station« wird hier nur zum Zweck der Erläuterung verwendet, weil hier die Person weder um Station noch um Zeichen weiß. Nur diejenigen mit Geschmack verstehen mit Geschmack. Möge Gott diesen Zustand leicht für uns machen.

* *
*

Wenn der Gnostiker diese Station erreicht hat, ist er im Universum des Einsseins und der Gesamtheit *(alam al-jam)*. Wenn es für ihn notwendig ist, sich von hier zu trennen, wird er mit einer Göttlichen Existenz geziert. Er kennt seine Wirklichkeit und versteht folglich Gott. Dann ist er nicht mehr gebunden an irgendwelche Gesetze, Weisungen, Überzeugungen, die wir im Äußeren verstehen. Dies wollte man erläutert haben, und die gewünschte Bedeutung war diese.

> Ohne zu sein, fand ich den Weg zu dieser Wahrheit nicht;
> Dort wurde ich mit der Wahrheit lebendig; ich fand
>   Dasein *(baqa)*.
> Selbst löste ich mich selbst auf; selbst habe ich mich selbst
>   wieder gefunden.
> Du wirst alles sein, wenn du nichts aus dir machst.

* *
*

Zuletzt versteht der Gnostiker, dass, sei es im *enfus,* sei es im *afaq,* was immer manifestiert ist, die Selbstheit ist, dass Existenz *eine* Existenz, *eine* Seele, *ein* Körper ist – sie ist weder getrennt noch individualisiert –, dass alles in der Immanenz nichts anderes als Seine Manifestation und Sein Instrument ist, dass Gott *(al-haqq)* in jedem Teilchen oder Stamm bis hin zur größten Masse mit all Seinen Eigenschaften und Namen manifestiert ist und dass diese Manifestation dem Verstehen und Glauben einer jeden Person entspricht. An jedem Ort und in jeder Station zeigt Er ein verschiedenes Gesicht.

Er ist in der Lage, Sein Sein entweder innen oder außen zu zeigen. Was im Bilde von allem ist, was in jedem Intellekt zu verstehen ist, die Bedeutung, die in jedem Herzen ist, was in jedem Ohr gehört wird, das Schauen, das in jedem Auge sieht, ist Er (...) Wenn Er in diesem Gesicht manifestiert ist, schaut er auch aus dem anderen.

Die Bedeutung davon verweist wieder auf den Satz am Anfang. Der Verlangende und das Verlangte, der Liebende und das Geliebte sind für den Gnostiker das Gleiche. All dies erlangt für den Gnostiker die Bedeutung, dass es ihm nicht erlaubt ist, an irgendeinen Aspekt gebunden zu sein, der einer einzelnen Überzeugung zugehörig ist.

* *
*

Verschiedene blinde Menschen waren an einem Ort versammelt. Sie begannen, ein Thema zu diskutieren: »Wir fragen uns, ob wir einen Elefanten erkennen könnten.« Der Wärter der Elefanten nahm sie mit zum Elefantenhaus. Ein jeder fand einen Teil des Elefanten und hielt sich daran fest – einige am Ohr, einige am Fuß, einige am Bauch, einige am Rumpf. Nachdem sie den Elefanten auf diese Weise kennen gelernt hatten, begannen sie, unter sich zu streiten. Wer das Bein des Elefanten festhielt, sagte, der Elefant sei wie eine Säule. Wer das Ohr hielt, sagte, der Elefant sei wie eine Serviette, und wer den Elefanten von dessen Bauch her kannte, sagte, er sei wie ein Fass. Kurz, sie kannten den Elefanten als den Körperteil, den sie festhielten; solcherart waren ihre Überzeugungen.

Die Person, die Überzeugung durch Nachahmung hat, ist in diesem Zustand; sie hält an etwas Definitivem fest und verbleibt dort. In diesem begrenzten Zustand bleiben sie gefangen.

Wer im Gefängnis des festgelegten Ausmaßes bleibt,
Wird, in die Erde gelegt, zutiefst bekümmert sein.

* *
*

Was auch geschieht, der Gnostiker wird nicht in einer festgelegten Überzeugung gefangen bleiben, weil er sich selbst gegenüber weise ist. Das haben wir oben erläutert.

Kapitel 3

DER GNOSTIKER MUSS FÜNF WEITERE, FÜR IHN NOTWENDIGE
Dinge mit Respekt und Demut hören, damit er sich selbst besser kennt und seinen Kern. Für den Gnostiker ist es eine absolute Notwendigkeit, dies zu wissen, um sein Ziel zu erreichen. Aus diesem Grund führen wir nachstehend diese Dinge auf, welche die fünf Präsenzen genannt werden.

*Die fünf Präsenzen
(hadarat al-khamsa)*

Es ist wesentlich zu wissen, dass die Selbstheit Gottes oder Seine Befähigung kein Ende hat; folglich haben die Universen weder Ende noch Zahl, weil die Universen die Orte der Manifestation der Namen und Eigenschaften sind. So wie das, was manifestiert, endlos ist, so müssen die Orte der Manifestation endlos sein. Folglich bedeutet der koranische Vers: »Er ist in jedem Augenblick in einer unterschiedlichen Anordnung« gleichermaßen, dass es für die Offenbarung Gottes kein Ende gibt.

Die Macht *(qadr)* Gottes ist dauerhaft und beständig in einem Zustand der Vollkommenheit. Wegen dieser Vollkommenheit offenbart Er Sich der gleichen Person nicht zweimal auf die gleiche Art. Er ist ständig in neuen Offenbarungen, und wie es bis jetzt nicht geschehen ist, so wird die gleiche Offenbarung niemals zwei verschiedenen Personen geschehen.

In einem Hadith wird gesagt: »Gott hat 18 000 Universen, und diese eure Welt ist nur eines von diesen Universen.« Die Aussage, dass Gott 18 000 Universen teilweise hat und insgesamt 18 Universen, stammt aus oben erwähntem Hadith, obwohl es für die Offenbarung Gottes keine Begrenzung gibt und kein Ende an Orten der Offenbarung Gottes.

Indes sind alle diese Universen umfasst von den fünf Präsenzen, die wir aufzählen werden.

Seine Macht ist die großartigste, Sein Ruhm ist unermesslich; und es gibt keine Göttlichkeit außer Ihm.

DER INNERSTE KERN

Erste Präsenz
Absolute Unerkennbarkeit *(ghayb al-mutlaq)*

Diese Präsenz wird auch das Universum der Göttlichen Natur *(alam al-lahut)* genannt. Sie ist auch bekannt als das Universum der Nichtmanifestation *(la ta'ayyun)*, das nicht Maß oder Form oder Verstehbarkeit unterliegt. Es wird auch das Universum der Absolutheit genannt. Es wird auch die Absolute Blindheit genannt. Es wird auch Reines Sein, Absolutes Sein, Reine Selbstheit *(dhat)*, Mutter des Buches, Absoluter Ausdruck, der Ozeanisch Tiefe Punkt, das Unbekannte des Unbekannten genannt.

Im Koran heißt es: »Die Schlüssel des Unerkennbaren sind alle auf Seiner Ebene gesammelt: Er allein kennt sie.« Die Namen, die oben erwähnt sind, gehören nur zu einem Grad. Folglich ist Gott in dieser Station in vollständiger Liebenswürdigkeit und im Reichtum-jenseits-von-Bedürfnis aller Bestimmungen, mit denen sie Ihn versehen. Keine Bestimmung, kein Name ist in dieser Station möglich. Welches Wort auch immer verwendet wird, um diese Station zu erklären, es ist unzureichend, weil in dieser Präsenz die Selbstheit Gottes in Vollständiger Transzendenz gegenüber allem ist, weil Er noch nicht in den Kreis der Namen und Eigenschaften herabgestiegen ist. All die Namen und Eigenschaften sind in der Auslöschung in der Selbstheit Gottes begraben. Es gibt verschiedene koranische Zitate, die hier in den Sinn kommen:

1. »Ohne jeden Zweifel ist Gott reich-jenseits-von-Bedürfnis *(ghani)* gegenüber den Universen.«
2. »Gab es für den Menschen nicht einen Zeitraum, während dem der Mensch kein erwähntes, erinnertes oder gehörtes Ding war?«
3. Hadith: »Zu jener Zeit war Gott der Allmächtige in einem solchen Zustand, dass nichts mit Ihm war.«
4. »Ich war ein verborgener Schatz...« (Hadith qudsi)

Diese Zitate weisen auf die Station hin, die wir erwähnt haben. Was immer der Fall ist, für den Gnostiker, der die Selbstheit kennt, hat sich nichts Neues und Verschiedenes ereignet. Was immer Er vorher war, noch immer ist Er so. Als Hazrati Ali den Hadith hörte: »Zu jeder Zeit war Gott in einem solchem Zustand, dass nichts mit Ihm war«, fügte er hinzu: »Sogar in diesem Augenblick ist Er noch immer so.« Dadurch bestätigte er den Hadith und enthüllte gleichzeitig einen anderen Aspekt des Hadiths, den er kommentierte.

Zweite Präsenz
Universum der Allmacht *(alam al-jabarut)*

Diese ist auch bekannt als die Präsenz der Ersten Enthüllung *(ta'ayyun awwal)*, Erste Offenbarung *(tajalli)*, das Erste Juwel, die Wirklichkeit Mohammeds, der Qualifizierte Geist, der Ganze Geist, das Qualifizierte Unerkennbare und das Offenbare Buch. In der Mutter des Buches wird alles als zusammen gesammelt erkannt, und im Offenbaren Buch beginnt man in Kapitel zu gehen. Die Mutter des Buches ist Essenz *(dhat)*. Diese Station wird auch das Universum der Namen, Festgelegte Potenzialitäten *(ayan ath-thabitah)*, Universum der Feinheiten *(mahiyah)*, der Grosse Isthmus genannt.

All dies sind Namen des ersten Grades, aber ein jeder von ihnen wird mit einem besonderen Verweis verwendet und wird von denen, die wissen, nicht als Geheimnis betrachtet.

Dritte Präsenz
Engelhaftes Universum *(alam al-malakut)*

Diese wird manchmal auch beschrieben als der Grad der Engel, das Universum der Beispiele *(mithal)*, Universum der Illusionen *(khayal)*, Erstheit, Zweite Enthüllung *(ta'ayyun thani)*, die Zweite Offenbarung, die Äußerste Grenze *(sidrat al-muntaha)*, Universum der Befehle, der Kleine Isthmus und das Universum der Kapitel.

Vierte Präsenz
Absolutes Beobachten, Sehen, Bezeugen
(shahad al-mutlaq)

Diese wird das Universum des Bezeugens, Universum des Erfülltseins, Universum der Sterblichkeit *(nasut)*, Universum der Schöpfung *(khalq)*, Universum der Sinne, Universum der Spezies, Universum der Galaxien, Sterne und Geburt genannt. Damit gemeint sind die Metalle, Pflanzen, Tiere. Auch der Grosse Thron *(arsh al-azim)* wird zu dieser Station gezählt. Diese Station umschreibt die Gesamtheit des Universums der Formen.

Diese sind Teil der Begrifflichkeit, die zum Universum des Bezeugens gehört. Alles, was aus diesen oben erwähnten Universen weggelassen wurde, wird das Universum der Unerkennbarkeit *(alam al-ghayb)* genannt, während alles, was hier Erwähnung fand, das Universum der Anordnung *(amr)* ist; also werden diese beiden Namen verwendet. Die Begriffe Unerkennbarkeit und Bezeugen und / oder Angelegenheiten der Welt und Angelegenheiten der anderen Welt können ebenfalls verwendet werden.

Was unten folgen wird, die vier Universen, sind wie vier Ozeane. Es sind dies die Universen des Erfülltseins *(mulk)*, des Geistes *(malakut)*, der Allmacht *(jabarut)* und der Göttlichkeit *(lahut)*. Alle diese vier Ozeane sind ewig und kennen weder Anfang noch Ende. Der Erste davon ist der Ozean der Selbstheit *(dhat)*, der häufig *lahut* genannt wird. Entsprechend dem Zitat: »Ich war ein verborgener Schatz...« manifestierte die überfließende Selbstheit Gottes das Universum von *jabarut,* und dieses wird auch der Qualifizierte Geist genannt. Als *jabarut* überfloss, brachte es *malakut* zum Erscheinen. Mit dem Überfließen von *malakut* wurde *mulk* manifestiert. Mit Überfließen ist hier die natürliche Neigung gemeint, entsprechend der Natur der Selbstheit. Alles, was oben bis jetzt erwähnt wurde, geschah in dem Zeitraum, der für ein Blinzeln des Auges notwendig ist, das heißt in sehr kurzer Zeit und vielleicht in noch kürzerer Zeit. Das Zitat aus dem Koran verweist darauf: »Unsere Angelegenheiten werden in so kurzer Zeit wie einem Augenzwinkern vollbracht oder sogar in viel kürzerer Zeit.« Das ist eine Sache der Anordnung, und diese Anordnung wird »*kun*« (»*Sei!*«) genannt. Zu allem in Immanenz *(kwan)* sagte Er: »Sei!«, und in diesem Augenblick geschah alles.

* * *

Nichts, was in dieser Sache geschah, ereignete sich aus nichts. Dies alles ist nichts anderes als eine essenzielle Darstellung. Was Leute meinen, wenn sie sagen, dass alles aus nichts entstand, soll zum Ausdruck bringen, dass die Selbstheit, als Sie in Sich selbst verborgen war, Sich zu manifestieren begehrte, weil »was ist« nicht nichtexistent werden kann, genauso wie »was nicht ist« nicht existent werden kann. Aufgrund einer Darstellung im Ozean der Selbstheit wurden die Universen manifestiert.

Lasst uns einen See betrachten – mit einem Überfließen wird ein zweiter See gebildet, von dessen Überfließen wird ein dritter See gebildet und davon ein vierter. Derart entstanden vier Seen; wie Dampf Wasser wird und Wasser Eis, derart ereignen sich Dinge. Alles, was erläutert wurde, ist ein Licht. Eine jede Seiner Darstellungen ist eine neue Form. Für die Gnostiker ist Es, was immer Es vorher war, immer noch dasselbe. Alle Universen, die erläutert wurden, sind ein Ozean von Licht, ständig in Bewegung und folglich erscheinen immer weitere Enthüllungen. »In jedem Augenblick ist Er in unterschiedlicher Anordnung.« Dementsprechend kommt die Göttliche Welle aus der Selbstheit und kehrt zur Selbstheit zurück. »Alles kam von Ihm und wird wieder zu Ihm zurückkehren.« »Alle Angelegenheiten kehren zu Ihm zurück.« »Gott ist das Licht der Erde und der Himmel.« Die Bedeutung dieser koranischen Zitate genügt, um zu erläutern, was gemeint ist.

> Das gesamte Universum war die Selbstheit, war der Ozean
> der Weisheit,
> War in Vereinigung mit Gott. Keine andere Göttlichkeit
> existiert außer Gott.
> Absolute Existenz ist die Art eines Sees, der ständig erschafft.
> Das Geheimnis von »ana'l-haqq« wiederholt Er verborgen
> und offen in allen Augenblicken.

* *
*

Daher werden die Wellen des Sees *ma siwa* genannt (das, was anders ist). Der See ist ohne Anfang, ohne Ende, und die Wellen werden als Dinge betrachtet, die danach geschehen.

Das Sein des Ersten und des Letzten gehören zu Gott, und das *ma siwa*, das erscheint, wird als im Sein, das Absolut ist, existierend betrachtet. Alle existierenden Dinge werden aus der Absoluten Selbstheit manifestiert. Wenn die Enthüllung, die das Leben dieses Seins ist, einen Augenblick abgeschnitten wäre, würde alles in Nicht-Existenz begraben.

DER INNERSTE KERN

Fünfte Präsenz
Vollständiger Mensch *(insan al-kamil)*

Hier wird der Vollständige Mensch erläutert werden. Die erläuterten Präsenzen und die Gesamtheit der Universen werden in ihrer Gesamtheit in diesem Menschen umfasst und umgeben. Der Vollständige Mensch besitzt den Grad der Vereinigung; er ist an der Station des größten Namens *(al-ism al-azam)*. So wie der *ism al-azam* alle Namen sammelt und enthält, gleicherart sammelt und enthält der Vollständige Mensch in sich die Universen von *mulk, malakut, jabarut* und *lahut*. Sei es in der Manifestation oder im Inneren, es gibt keine Station, die der Vollständige Mensch nicht umschreibt. Mit einem in allem essenziellen *(dhati)* Einfluss übt er seine Herrschaft *(hukm)* aus, und was immer das Ding sein mag, erscheint in diesem Ding genauso, wie er ist. Tatsächlich drückte Hazrati Ali es folgendermaßen aus:

»Du dachtest dich selbst als Teil, klein;
Während in dir ein Universum ist, das Größte.«

Das heißt, dass du dich selbst als ein kleines Ding denkst, während in dir das größte der Universen verborgen ist. Wenn du zu einem Lehrer gehst und dich selbst erkennst, wirst du alles in dir und dich in allem erkennen, und du wirst mit Gewissheit *(yaqi)* wissen.

Du kannst dir die Größe des Vollständigen Menschen auf diese Art vorstellen: Wenn 18 000 Universen in einen Mörser gesteckt und zu einer Paste zerstoßen würden, dann wäre die Zusammensetzung der Vollständige Mensch. Dieser Mensch wird die 18 000 Universen durch 18 000 Augen sehen. Er sieht jedes Universum mit dem ihm angemessenen Auge. Er sieht das Universum der Sinne mit dem Auge der Sinne, Angelegenheiten des Intellekts mit dem Auge des Intellekts, Bedeutungen mit dem Auge des Herzens. Vergleiche andere Universen damit. Die Unwissenden, die meinen, Bedeutungen mit dem Auge der Sinne zu verstehen, lösen sich einfach in Hoffnung auf. Und dies wird von denen, die wissen, gewusst.

Geh voran, finde ein Auge. Stelle damit Ordnung her.
Und nun, schau von Ihm zu Ihm.

DER INNERSTE KERN

Um in der Lage zu sein, das Universum des Unerkennbaren zu schauen, ist es notwendig, dass ein Göttliches Auge vorhanden ist.

Der Grund, warum einige Leute die Zahl der Universen mit 18 000 beschreiben, ist:

1. *aql al-kull* – Vollständiger Intellekt
2. *nafs al-kull* – Universelle Seele. Auf diese beiden wird oft verwiesen als Stift *(al-qalam)* und Tafel *(al-lawh)*.
3. *al-arsh* – der Thron
4. *al-kursi* – das Podest

Dann folgen sieben Himmel oder Firmamente, Vier Elemente der Natur und Drei Geburten *(mawalid)*: Das Ganze macht achtzehn, und in vollständiger Aufzählung ergeben sie insgesamt 18 000. Viele der Grossen machen so weiter. Wie dem auch sei, in Wirklichkeit ist die Wahrheit, dass die Universen nicht zu zählen sind.

Kapitel 4

LASS UNS DIESE NÜTZLICHE INFORMATION WEITERGEBEN:

Was auf der Oberfläche der Welt als Schöpfung existiert, wird als ein Zehntel dessen betrachtet, was in den Wassern ist. Wenn das in den Wassern und das auf der Erde zusammen betrachtet würden, würde es nur einen Zehntel dessen ausmachen, was in den Himmeln ist. Würde dies alles zusammen betrachtet, würde es einen Zehntel der Zahl der Engel ausmachen, die in der ersten himmlischen Sphäre leben. All dies zusammengenommen würde einen Zehntel derer in der zweiten himmlischen Sphäre ausmachen. Dieser Vergleich geht derart weiter bis zur siebten himmlischen Sphäre. Was in sieben Schichten in der Tiefe der Erde ist und in sieben Ebenen himmlischer Sphären mit den himmlischen Geschöpfen zusammengezählt, kommt nur auf einen Zehntel der Anzahl Engel, die auf dem Podest *(kursi)* leben. Das folgende koranische Zitat sagt daher: »Sein *kursi* umfasset die Himmel und die Erde.« Auf dem *kursi* kommen die Geschöpfe aus den sieben Schichten der Erde und den sieben Ebenen der himmlischen Sphären und der Wasser auf ein Zehntel der Anzahl Engel, die in einer Ecke des Thrones *(arsh)* Zuflucht suchen. Und alles, was bis jetzt aufgezählt wurde, könnte einen Zehntel der *Muhaymin*-Engel ausmachen. Die *Muhaymin*-Engel haben seit dem Tag, an dem sie erschaffen wurden, ihren Blick nicht von der Süße der Schönheit *(jamal)* gehoben und befinden sich in Ekstase ob der Schönheit *(jamal)*. Sie kennen weder sich selbst, noch kennen sie die anderen – bis jetzt wissen sie nicht einmal, dass die Universen geschaffen wurden, noch von der Erschaffung Adams oder Iblis'.

* * *

Alsdann hat Gott einen großartigen Engel, der unzählige Haare auf seinem Kopf trägt. Dem angeführten Vergleich entsprechend, sprachen alle Engel und alle sonst davon, wie von einer Perle auf dem Haar einer Person. Hätte es Gott diesem Engel befohlen, er hätte die gesamte Existenz geschluckt wie einen Bissen und hätte nicht einmal bemerkt, dass etwas durch seine Kehle ging. Der Name dieses Engels ist Geist *(ruh)*.

Wenn also alle die aufgezählten Angelegenheiten, die Engel und die Sphären, in das Herz des Vollständigen Menschen gebracht würden, würde dieser in seinem Herzen nicht einmal das Gewicht eines Atoms verspüren. Als Bayezid diese Station erreichte, sagte er: »Wenn der Thron und alles, was sich dort befindet, eine Million Mal vergrößert würde und in die Ecke des Herzens des Gnostikers gestellt würde, würde er nicht einmal deren Existenz verspüren.« Das Herz, das nicht in die Himmel und die Erde passt und den Thron und das Podest, wurde zum Ort der Offenbarung der Herrlichkeit *(azim)* und Erhabenheit *(jalal)* der Gesamtheit Seiner Selbstheit und all der Eigenschaften Gottes. Dies wird auch vom Hadith qudsi bekräftigt: »Ich passe nicht in Meine Himmel oder in Meine Erde, aber Ich passe in das Herz Meines gläubigen Dieners *(mumin)*.« Der erste *mumin* entspricht dem Vollständigen Menschen und der zweite der Selbstheit der Wirklichkeit. Mit anderen Worten: Der Vollständige Mensch ist der Wirklichkeit Spiegel.

Als er von der Herrlichkeit des Herzens spricht, erwähnt Ibn Arabi im *Fusus al-Hikam* auch den Spruch von Bayezid und erläutert: »Was er meint, ist die Herrlichkeit des Gnostikers im Vergleich zu den Körpern. Hier will ich auch sagen: Eine Existenz ohne Ende wird betrachtet als ein Ende für die Eigenschaft, die sie geschaffen hat. Dieses Existierende hat weder Grenzen noch Ende und, hätte es das Herz des Vollständigen Menschen umfasst, der Vollständige Mensch hätte sein Gewicht nicht verspürt.« Die Herrlichkeit, die Ibn Arabi aufzeigt, wird in keine Zahl und Berechnung passen, ist nicht einmal die Art von Ding, das in irgendeiner Mutmaßung *(wahm)* oder irgendeinem Vergleich enthalten sein könnte. Das ist auf Geschmack angewiesen. Möge Gott diese Geschmäcker für uns alle möglich machen... *Hu.*

* *
*

Bayezid rezitiert in dieser Station folgendes Gedicht:

> Ich trank Glas über Glas von der Liebe;
> Weder ging der Wein aus, noch wurde mein Durst gestillt.

Die in dieser Station erläuterte Liebe ist der Geliebte *(mahbb)*. Mit diesem Gedicht hat Bayezid von dieser Stufe des Herzens berichtet und hat deren Umfang erklärt; dies ist jenen bekannt, die wissen.

Sollte es notwendig sein, das zu interpretieren, könnte das Folgende gesagt werden: Der Spiegel meines Herzens wurde zum Ort der Manifestation der Offenbarungen und des Ausströmens des immer und ewig Geliebten. Das Göttliche Ausströmen, eines folgt dem anderen, stieg herab und steigt weiterhin herab, und mein Herz nimmt es an. Weder die Liebe noch die Empfänglichkeit meines Herzens sind erschöpft, und es ist unwahrscheinlich, dass es enden wird...

Der Zweck dieser Erläuterung besteht darin, in gewissem Ausmaß die Herrlichkeit des Vollständigen Menschen zu erhellen und folglich die Großartigkeit Gottes.

> Wenn eine Person nicht weiß, dass sie ist,
> Wie kann sie die Ewigkeit verstehen
> Und den Eigner des Nicht-Anfangens *(jabar)* erreichen?

* *
*

Wären alle Bäume Stifte und die Meere Tinte, und wären alle Leute und diejenigen, die wir mit diesen Augen nicht sehen, die Engel und Dschinns und so weiter, Schreibende, sie könnten nicht aufhören, die Zustände des Vollständigen Menschen zu erläutern. Entspräche die ihnen zugemessene Zeit der ganzen Spanne von Anfang bis Ende dieser Welt, noch immer hätten sie nicht einmal an der Oberfläche der feinen Membrane gekratzt, die das Antlitz dieses Satzes bedeckt. Als Hinweis auf diese Angelegenheit werden wir den folgenden koranischen Vers zitieren: »Sage ihnen: Wären die Meere Tinte und die Bäume Stifte, sie wären erschöpft, bevor die Worte meines Herrn ausgingen. Wenn es noch einmal soviel davon gäbe, wären auch sie erschöpft.«

Ein Name für den Vollständigen Menschen ist *alif, lam, mim*, genauso wie der Anfang des Korans lautet: »*Alif, lam, mim*. Dies ist das Buch, in dem es keinen Zweifel gibt.« Ein Hadith sagt: »Mensch und Koran sind Zwillinge.« Hier ist mit »Mensch« der Vollständige Mensch gemeint. Mit »Zwillingen« ist gemeint, dass es aus dem gleichen Schoss geborene, identische Zwillinge sind.

In all dem bisher Erläuterten ist jedes Ding des andern Spiegel. Der Spiegel für *lahut* ist *jabarut*, der Spiegel für *jabarut* ist *malakut*, der Spiegel für *malakut* ist *mulk*, und der Spiegel für alle diese zusammen ist der Vollständige Mensch. Der Mensch ist der Vizeregent Gottes, und er ist ein Spiegel, der Ihn widerspiegelt. Es gibt keine Stufe, die nicht in der Essenz des Vollständigen Menschen enthalten ist.

* * *

Die Erläuterung war ausführlich aus Gründen, die jenseits unseres Horizonts liegen. Lasst uns zur vorliegenden Angelegenheit zurückkehren.

Das wirkliche Thema war folgendes: Ibn Arabi hat gesagt: »Hätte der Gnostiker sich selbst wirklich gekannt, wäre er nicht in irgendeiner besonderen Überzeugung gefangen.« Erreicht ein Mensch diesen Zustand, wird er als zum Vollständigen Menschen geworden betrachtet. Alles, was wir bis jetzt gesagt haben, umfasst einen Tausendstel der Bestimmungen des Vollständigen Menschen. Hat ein Mensch diese Stufe gefunden, ist er vollkommen der Ort der Offenbarung Gottes, so dass, von welcher Seite Er Sich auch immer offenbart, dies akzeptiert ist. Die Person, die diese Stufe findet, wird der Vollständige Mensch genannt. Möge Gott uns allen gewähren, dass wir diese Stufe erreichen. Amen, *hu*...

* * *

Oh, Bruder, denke mit Maß. Gott gab uns großes Talent. Wir verlieren es; ist es angemessen, das zu tun? Wir erniedrigen uns selbst auf die Stufe der im Koran erwähnten Gruppe: »Sie sind wie Herden, vielleicht noch konfuser.« Schande über uns.

Es ist nicht einfach, ein Vollständiger Mensch zu werden. Es ist nur möglich, einen Vollständigenen Menschen zu finden, sich an seiner Hand festzuhalten und ihm zu dienen. Gott gab diese Fähigkeit einem jeden, der Mensch aber lässt sich auf die niedrigste Stufe fallen und zerstört seine Befähigung. Ergib dich einem Vollkommenen Lehrer und werde also zu einer Person.

Der wichtigste Faktor besteht darin, mit Gewissheit an der Vervollständigung des Menschen festzuhalten. Denke niemals, dass der Vollständige Mensch ein Mensch ohne Glaube oder Weg ist. Sein Weg und sein Glaube sind in der Existenz des Göttlichen Wunsches und in der Existenz des Göttlichen Befehls. Ihr Glaube ist kein metaphorischer Weg oder Glaube. Einige der Leute Gottes, wenn sie gefragt werden: »Von welchem Pfad stammst du?«, antworten: »Ich bin vom Pfad Gottes.«

> Sei frei von den Regeln all der verschiedenen Pfade:
> Sei der Anführer der Liste aller Reisenden.

* * *

Sie stellten einem der Großen folgende Frage: »Entsprechend dem, was gesagt wird, wird der Gnostiker nicht an einen einzigen Glauben gebunden bleiben. Und doch wird es den Leuten scheinen, dass er in Übereinstimmung ist mit ihnen, weil ein Zitat sagt: ›Sprich zu den Leuten gemäß ihrer Intelligenz.‹ Nun, würde er den Leuten zeigen, was in seinem Herzen ist, würde er auf der Stelle umgebracht. Wenn die Situation sich derart darstellt, ist der Gnostiker dann nicht ein Heuchler?«

Folgendes ist die Antwort: Nein. Weil ein Heuchler der ist, der eine geheime Überzeugung hat, aber offen Werke zeigt, die dem üblichen Glauben entsprechen, und er selber weiß, dass, was er tut, nicht angemessen ist. Was der Gnostiker im Äußeren als seine Überzeugung zeigt, ist das Gleiche wie die Wahrheit; und obwohl seine innere Überzeugung als Gegensatz zu der außen gezeigten scheinen mag, ist sie es nicht. Die Sichtweise des Gnostikers ist weit. In ihr sind sogar die beiden gegensätzlichen Überzeugungen vereint. Scheinen diese beiden Überzeugungen den Menschen außen gegensätzlich, sind sie es für ihn doch nicht. Der Eine, Der es am besten weiß, ist Gott.

Kapitel 5

NUN, ES GIBT ETWAS, WAS MAN WISSEN SOLLTE. UND DAS IST, dass der Mensch der Gnosis seinen Ort des Beginnens und seinen Ort der Rückkehr kennen sollte; woher er kam und wohin er geht (…) Und dieses Wissen ist an drei Reisen gebunden. Also werden wir diese Reisen beschreiben. Natürlich ist das so zu verstehen, dass diese Reisen mit der spirituellen Entwicklung der Person zu tun haben. Es gibt weder Anfang noch Ende für diese Reisen, noch verfügen sie über Zahlen; aber diese drei Reisen, die wir ausgewählt haben, schließen sie alle mit ein. Ein Mensch kann sein Selbst nicht verstehen, auch kann er in sich selbst nicht das notwendige Empfinden des Wissens gegenüber seinem Schöpfer finden, er kann nicht reifen und er kann auch nicht andere leiten, außer er hat diese drei Reisen gemacht.

Erste Reise

Lasst es bekannt werden, dass jeder Person ein wirklicher Platz in der Selbstheit zukommt. Wenn die Selbstheit wünscht, dass diese Wirklichkeit in der immanenten Welt erscheint, entwirft Er zuerst deren Form als Gedankenform in Seinem eigenen Wissen, welches das Umfassende Wissen ist *(aql al-kull)*. Dieser Ort ist dafür der Göttliche Spiegel, und er ist das Universum von Gottes Wissen. Diese Form bleibt so lange in diesem Zustand, wie Gott sieht, dass sie passt. Dann steigt sie zum Vollständigen Selbst *(nafs al-kull)* ab, dann zum Thron und dann zum Podest. Stufe über Stufe durchquert sie die sieben Sphären und kommt herunter in die Welt des Feuers, dann der Luft, dann des Wassers und fällt dann auf die Erde, danach zu den Mineralien, Pflanzen, Engeln, dann besucht sie die Menschheit und die Dschinns.

Bis sie den Grad des menschlichen Wesens erreicht, geht sie auf jeder Stufe ihres Abstiegs durch viel Drangsal; sie stößt auf

Schwierigkeiten. Manchmal steigt sie auf, manchmal geht sie herunter; und ein Halbkreis ist vollendet, bis sie zur Menschheit gelangt. Dieser Punkt ist als der Tiefste des Tiefen *(asfali-safalin)* bekannt.

Für den Menschen, der nicht versteht, woher er kommt und wohin er zurückkehrt, ist dies der Anfang. Wir haben dies schon vorher erläutert. In einem Vers aus dem Koran heißt es: »Wir haben den Menschen im Besitz aller Schönheiten der Schöpfung geschaffen, und dann brachten Wir ihn in die *asfali-safalin* hinunter.« All diese vorher angeführten Ebenen und Stufen, bis er die menschliche Stufe erreicht hat, stellen die erste Reise dar. Wenn ein Mensch, ohne zu verstehen, woher er kommt und wohin er zurückkehrt, sich an der Reise beteiligt, beschäftigt er sich nur mit Bewegung und Zugehörigkeit. Und wenn er nur den Punkt des Anfangs findet, bleibt er noch sehr weit entfernt vom Universum der Vereinigung *(jam)*. Er wird als in Trennung betrachtet, und als Hinweis darauf ist gesagt worden: »Jede Person, die sich in Trennung befindet, bevor sie das Universum der Vereinigung findet, ist in Polytheismus *(shirk)*.« Der folgende Vers aus dem Koran sollte hier zitiert werden: »Sie sind wie Herden, und vielleicht sind sie sogar noch konfuser (gedankenverlorener, verwirrter).« Am Tag des Gerichts werden sie zurückgebracht als dieser Gruppe zugehörig.

Zweite Reise

Diese Reise ist auch bekannt als die Reise der Beobachtung und Erziehung. Auf dieser zweiten Reise muss man sich an einer Quelle des Wissens festhalten, weil es notwendig ist, zum Vollständigen Intellekt zu fliegen. Dieser wird auch die Wirklichkeit Mohammeds genannt. Mit der Hilfe und Kraft *(himma)* von den Großen kommt man notwendigerweise dort an: Diese Ankunft ist eine besondere.

Es ist so, dass sich der Mensch, bis er seine eigene Stellung gefunden hat, auf seiner Reise des Heruntersteigens viele Farben (Unreinheiten) angeeignet hat von jeder der Ebenen, die er besuchte. Diese Farben stören. Er hat sich von jeder Ebene eine nutzlose oder hinderliche Eigenschaft angeeignet. Um derentwillen ist er in der Vielfalt verloren gegangen. Diese ist als »niedriger als eine Herde« bekannt. Wenn er nun an einem vollständigen Lehrer festgehalten hat, wird er die meisten dieser nutzlosen Eigenschaften, die er auf dem Weg nach unten erworben hat, loslassen müssen. Und er wird in jenen Zustand zurückkehren, welcher sein ursprünglicher war. Und er wird werden, was er war. Wenn er nicht auf diese Art und Weise gereinigt wird, ist es für ihn nicht leicht, den Umfassenden Intellekt zu erreichen.

Stell dir einen Menschen vor, der den Weg angefangen hat. Wenn er nicht die Gnosis des Umfassenden Intellekts hat, wird er nie auf der gleichen Ebene sein wie die Leute der Wahrheit. Um angemessen entwickelt (entfaltet) zu werden, ist es notwendig, den Umfassenden Intellekt zu erreichen, während du noch immer auf dem Weg bist. Dies ist der Grad der Heiligkeit *(wilaya)*.

Die, die den Führer erreicht haben, sind rein.
Die, die den Führer nicht erreicht haben, sind unrein.

**

Ein Mensch, der auf dem Weg ist, wird *Mensch,* wenn er den Umfassenden Intellekt erreicht. Dieser wird die Wirklichkeit Mohammeds genannt. Dazu passt, was im Hadith erwähnt wird: »Zuerst erschuf Gott meinen Intellekt.« Der Mensch des Weges ist an dieser Station farblos und findet Einssein.

Der Farblose nimmt sogar die Farbe gefangen:
Moses führt Krieg mit Moses.
Wer in keine Farbe eintaucht, findet einen süßen Tag.
Moses und Pharao werden zu Freunden.

**

Der Intellekt des Menschen findet den Umfassenden Intellekt, sein Selbst findet das Umfassende Selbst, sein Geist findet den Heiligen Geist. Diese Station ist bekannt als die Vereinigung nach der Trennung. Dieses ist die Station der Leute, die zu Gott hingezogen sind. Verwirrung, unbarmherzige Zerstreuung und Intellekt sind auf dieser Ebene. Viele gehen in diesem Stadium unwiderruflich verloren. Deswegen wird gesagt, dass, nach Vereinigung zu suchen, ohne getrennt zu sein, verrückt sei. Und wenn diese Verrücktheit entsteht, bleibt der Mensch des Weges der Wahrheit in diesem

Zustand; er kann niemals weiter gehen und kann weder Vollkommenheit noch Vollständigkeit erlangen, und kann Wahrheit an Sich, wie Sie ist, nicht finden. Nichtsdestotrotz ist dieser Zustand ein äußerst vergnüglicher Zustand, und es ist die Station der Reise mit der Wahrheit in Wahrheit.

Der Mensch, der die Reise begonnen hat *(salik),* hat das Atom der Existenz in sich selbst in den Ozean geworfen. Er ist jetzt ohne einen Kopf: Nun ist er sich weder seiner selbst bewusst, noch des Universums, noch irgendeines anderen (...) Von diesem Augenblick an kann er in keinem einzigen Teil religiösen Glaubens Zuflucht nehmen, und kann er sich keiner Satzung irgendeines Dogmas unterwerfen. Aber er darf in diesem Zustand nicht trödeln – es ist absolut wesentlich, dass er weiter gehen muss. Mit der Hilfe Gottes in dieser Station, indem er die Nicht-Existenz bei Gott findet, ist es notwendig, dass er das Universum des Daseins bei Ihm erreicht.

Dritte Reise

Diese Reise beginnt bei Ihm; zur gleichen Zeit aber ist es die Station des Bei-Ihm-Verbleibens *(baqa).* Das heißt, es ist die Reise von der Wirklichkeit *(haqq)* zur Vielfalt *(khalq).* Das heißt, dass er, nachdem er das Universum des Einsseins gefunden hat, in den Zustand des Getrenntseins übergeht. Der Mensch auf dieser Reise ist da, um anderen zur Erkenntnis zu verhelfen, um einen Weg frei zu machen für andere mit einem spirituellen Abstieg. Und er zieht den Mantel des Menschseins an und kommt von seinem Zustand herunter unter die Leute und mischt sich unter sie. Dies meint der Hadith, der sagt: »Ich bin auch ein menschliches Wesen, wie ihr alle.« In diesem Stadium ist es notwendig zu essen, zu trinken, zu schlafen, zu heiraten, aber in nichts dem Exzess zu verfallen, noch in Askese. Vollständiges Gleichgewicht und Ausrichtung sind erforderlich.

Weder Exzess noch Mangel darf in ihm sein.
Das ist die richtige Weise da inmitten.

* * *

Die Person, welche dieses Stadium erreicht, ist eine Person von *iffet* (der Eigenschaft, tadellos zu sein) und *istiqamat* (Ausrichtung). Sie stimmt äußerlich mit religiösen Gesetzen überein und akzeptiert sie, aber sie beschäftigt sich niemals mit einem besonderen Ritual, außer dem wesentlichen und unbedingt erforderlichen. Im Universum der Vielfalt und im Universum des Einsseins gleichermaßen ist sie ständig in einem Zustand des Gebets *(salah)*. Ihr äußeres Universum ist den Leuten nah. Ihr inneres Universum ist untrennbar mit Gott vereinigt. Diese Person zu verstehen, ist sehr schwierig, weil die Leute einen Menschen nach seiner sichtbar frommen Haltung und seinen äußeren Handlungen wahrnehmen und beurteilen. Und sie meinen, dass der Fromme der Entwickelte sei. Wie auch immer: Die Entwicklung des Vollständigen Menschen kann mit den Augen der Sinne nicht erkannt werden. Um in der Lage zu sein, ihn zu sehen, brauchst du Augen, die ihn erreicht haben.

Kurzum: Nur wer Vollkommenheit erreicht hat, kann den Vollständigen Menschen erkennen. Dieser Kreis ist der Kreis des Unterschieds, der nach dem Kreis der Vereinigung kommt. Der Kalif Ali sagte: «Individuation ohne Vereinigung erreicht zu haben, ist Vielgötterei *(shirk)*; wenn am Ende der Vereinigung kein Unterscheiden ist, ist es Hochstapelei *(zindiq)*. Doch Vereinigung und Unterscheidung als eins zu erkennen, wird auch als Vereinheitlichung *(tawhid)* betrachtet.» Diese drei Stationen sind die Bedeutung der Sache, die wir zu erläutern versucht haben; und es gibt keine Notwendigkeit, tiefer auf sie einzugehen.

Für den Vollständigen Menschen wird dieser Abstieg in die Station der Unterschiedenheit als Fortschritt betrachtet. Wenn er diese Station erreicht, erlangt er Erkenntnis (Gnosis) seiner selbst. Und weil er an diesem Ort unlöslich mit der ursprünglichen Essenz verbunden ist, hat er keine Möglichkeit, an irgendeine andere Form von Glauben gebunden zu sein. Gott weiß am besten.

Trotz der Tatsache, dass der Zustand derart ist, genau wie Ibn Arabi sagt, zieht diese Person niemanden in Zweifel wegen des Glaubens und der Überzeugungen, die dieser nährt. Sie befasst sich nicht mit solchen Dingen und bestreitet deren Überzeugungen nicht, weil sie tief im eigenen Wesen alle Überzeugungen geordnet hat. Das heißt, dass der Gnostiker einen allumfassenden Standpunkt verstanden hat. Daher hat die allumfassende Wirklichkeit in jedem Bereich des Glaubens ein Antlitz, weil das, was man eine absolute Perspektive nennt, dieser Gnostiker ist. Es gibt kein Absolutes, das nicht auch eine relative Seite kennt. Deswegen: Was auch immer verehrt wird, das Absolute erscheint in dessen Antlitz. Ob der Eigner einer Überzeugung, eines Glaubens, dies nun weiß oder nicht: So ist es.

Scheich al-Iraqi sagt darum: »Gott schuf alle Dinge Sich selbst gleich. Die Weisheit besteht darin, dass Er nichts anderes verehrt haben will als Sich selbst (...) und damit nichts anderes geliebt werde, erfordert dies die Göttliche Intensität.«

Gottes Intensität erlaubt kein Fremdes;
Er wurde, zweifellos, das Gleiche wie alle Dinge.
Gott wollte all die Dinge schaffen,
Dazwischen ließ Er aber nichts anderes zu als Sich selbst.
Wer in dieser Welt verehrt, verehrt Ihn,
So dass, was auf dieser Erde zu sehen ist, Er ist;
Und dies mögen die Geschöpfe begreifen.
Das heißt, nur mit gutem Charakter kann der Mensch
    begreifen.
Und die nahen Herzen sind daraus gemacht.

Die oben erwähnten Besonderheiten sind die unzweifelhaft bekannte Bedeutung des folgenden Verses aus dem Koran: »Deines Herrn Erlass ist, dass du niemand anderem Diener bist als Ihm.« Das heißt: Oh Prophet, deines Herrn Sinn und Erlass ist, dass du in Liebe, Lobpreis und Verzückung niemand anderen als Ihn kennen sollst, niemand anderen als Ihn sehen sollst und niemand anderem als Ihm Diener sein sollst. Auf jeden Fall ist es absolut unmöglich, etwas anderes als Ihn zu verehren. Sogar die Verehrung eines Götzen resultiert in der Verehrung Gottes, weil auch die Existenz eines Götzen von Gott ist. Um dies verstehen zu können, ist es notwendig, zu verstehen und zu wissen, dass alle Existenz von Gott ist. Diese unsere Worte sind ein Spiegel für das vorher Gesagte.

Also nimmt der Gnostiker, nachdem er diese Bedeutung verstanden hat, weder den Glauben von jemand anderem an, noch bezweifelt er ihn, weil er versteht, dass nichts außer Ihm existiert, und weil er das All in einer Kette von Ordnung miteinander verbunden sah und verstand, dass er selbst nichts anderes als ein Befehl und ein Wille ist. Noch einmal: Der Gnostiker erkennt jede

Person entsprechend der Manifestation eines Namens, und daher sind ihre Überzeugungen und ihr Verhalten, wie sie sein sollten.

Wenn ein Ding nur im Geringsten von seinem Platz abwiche,
Wäre das Universum von Kopf bis Fuß zerstört.

* * *

Die Bedeutung des koranischen Verses »Wo immer du dich hinwendest, da ist das Antlitz Gottes« wird dem Gnostiker klar. Das heißt: Wo immer du dein Gesicht hinwendest, dort wirst du einen Weg finden, der zu Gott führt. Es ist wahr, dass es, gemäß der Regel »Er ist in jedem Augenblick in unterschiedlicher Anordnung«, Stadien und Grade gibt; aber Er zeigt in jedem Wink eine Laune, und in jeder Laune einen Duft, und in jedem Duft eine Schönheit, und in jeder Schönheit eine Liebe, und in jeder Liebe einen Wink, und in jedem Wink eine Laune, und in jeder Laune einen Duft, und in jedem Duft eine Art Neuanfang... Wegen all dem fallen die Leute, die nach Liebe süchtig sind und wehklagen, in verschiedene Zustände. Manchmal werden sie zum Manifestationsort der Eigenschaften von Majestät *(jalal)* und Begrenzung *(qabd)*, oder sie sind der Ort der Manifestation von Ausdehnung und Vergnügen; sie finden Vergnügen, sie tauchen in Vergnügen ein und finden Freude *(safa)*. Manchmal verfallen sie in Launen und manchmal in Flehen. Diese Eigenschaften nehmen in den Augen der Liebe unterschiedliche Haltungen ein, doch der Liebende weist nichts davon zurück. Wenn dem so ist, wie soll denn der Gnostiker sich selbst gestatten, der einen oder anderen Form unterworfen zu sein?

Der Geliebte, in den der Liebhaber verliebt ist, wird niemals verwirrt, mit welcher Eigenschaft Er Sich selbst auch schmückt, in welches Gewand Er Sich selbst auch kleidet, und er hält nicht an einem einzigen Gesicht fest. Obwohl er Schönheit in jedem Gesicht erkennt, entschuldigt er die, die von einem Seiner Gesichter gefangen bleiben. Sein Kreis ist groß. Von denen, die von dem einen oder anderen Aspekt gefangen werden, sagt er, dass auch das eine Seiner Angelegenheiten ist, und akzeptiert es als eine von einem der Göttlichen Namen verlangte Sache. In der Tat, Gott selbst sagt: »Es gibt auf Erden nicht ein lebendiges Ding, das nicht von Gott an der Stirnlocke gehalten wird. Und lass alle wissen, dass sicherlich mein Herr auf dem geraden Weg ist.« Dieser Vers aus dem Koran wurde vom Propheten Hud gesprochen.

Kapitel 6

JEDER MENSCH IST EIN ORT DER MANIFESTATION DES EINEN

oder anderen Namens, und er steht unter dem Walten dieses Namens. Majestät *(jalal)*, Schönheit *(jamal)*, Führung *(hadi)*, In-die-Irre-Leiten *(mudill)* – diese alle, welcher es auch sein mag, sind seine geraden Wege. Mit dem Glauben ist es auch so. Auch wenn jemandes Glauben von dem eines anderen verschieden wäre, so ist er doch noch immer auf dem richtigen Weg wegen des Namens, dessen Ort der Manifestation er im Wesentlichen ist, und dies ist seine Qualität der geraden Ausrichtung. Zum Beispiel wird die Genauigkeit eines Bogens nach seiner Krümmung beurteilt. Sich im Irrtum zu befinden, entspricht Gottes Namen *mudill;* obwohl Sein Name *hadi* weiß, dass es falsch ist, wird es trotzdem als richtig erachtet. Daher mischt sich der Gnostiker, weil er die Bedeutung all dessen kennt, nicht in die Religionen anderer Menschen ein.

Hier könnte eine Frage aufkommen. Die Antwort auf diese Frage kann nicht gegeben werden, außer von einem Menschen, der das Geheimnis der Bestimmung *(qadar)* kennt. Für den, der weiß, ist es einfach. Die Frage also ist folgende: Alle Andacht und alle anderen Haltungen gegenüber dem Leben sind das Resultat eines Göttlichen Namens; folglich hat das Geschöpf keine Wahl, diese zu vollbringen oder nicht. Dann ist offensichtlich, dass alle genötigt sind zu tun, was sie tun, und das ist Zwang und Unterdrückung.

Die Antwort kann folgendermaßen lauten: Analysieren wir die oben gestellte Frage, erreichen wir zwei Situationen. Zuerst kommt *mahiyah* (das, was das Ding ist; Wesen); das *mahiyah* ist nicht vorbestimmt. Zweitens ist das Wissen dem Gewussten untergeordnet. Wenn und falls diese Situation verstanden wird, wenn auch nur ein wenig, ist das Geheimnis von Schicksal verstanden. Natürlich liegt es auf der Hand, dass die beiden erwähnten Dinge entsprechend ihrem Ursprung zu verstehen sind. Wird dieses Verstehen erlangt, ist es mit der Hilfe Gottes auch möglich, das

Geheimnis des Schicksals zu durchdringen, weil diese beiden Dinge wie Schlüssel sind.

Die Dinge, die oben als *mahiyah* bezeichnet wurden, bedeuten die Bilder der im Ozean des Göttlichen Wissens gegenwärtigen Dinge, die noch nicht daraus hervorgekommen sind. Die *mahiyah* werden auch manchmal durch den Namen *ayan ath-thabitah* (fixierte Potenzialitäten) erläutert, und diese sind das Gleiche wie die Göttliche Selbstheit des Wissens. Dieser Zustand ist für den Vollständigen Menschen derselbe. In einer anderen Sichtweise ist Wissen ein Spiegel für Selbstheit. Das Ergießen dieser *mahiyah* kommt ihnen von Gott nur entsprechend ihrer in ihrer Essenz bereits vorhandenen Eignung und Fähigkeiten zu. Glaube und andere Zustände gehen auch nicht darüber hinaus. Auflehnung, Aufdecken von Wahrheit, Gehorsam und so weiter – dies alles ist, was das *mahiyah* entsprechend seinem Potenzial von Gott verlangte. Entsprechend seiner Eignung wurde ihm gegeben, was es von Gott verlangte.

Zum Beispiel besteht die Eignung von Weizen darin, Weizen zu werden, diejenige von Gerste, Gerste zu werden, und diejenige von Hirse, Hirse zu werden. Vergleiche den ganzen Rest damit. Wenn Gerste sprechen könnte und zu dem Menschen, der sie in die Erde sät, spräche und sagte: »Warum hast du, Mensch, nicht Weizen aus mir gemacht?«, würde der Bauer antworten: »Weil dies deine Eignung ist und deine Fähigkeit.« Weizen zu erwarten, wenn du Gerste gesät hast, ist Dummheit.

Entsprechend dem, was erläutert wurde, bestehen das *mahiyah* einer jeden Person und ihr *ayn ath-thabitah* seit Ewigkeit, und – was auch immer der Zustand dieser Person und ihre Besonderheit waren, welcher Offenbarung welchen Namens sie auch immer unterlag – in der Welt können sie nur das zeigen. Hier ist alles einleuchtend, gemäß welcher Form, die es auch immer von der Ewigkeit erhalten hat. Das Göttliche Wissen hat darauf keinen Einfluss. Entsprechend der Regel: »Sie vollenden ihre Angelegenheiten, wie sie erledigt sein sollen«, wissen die Gnostiker um dieses Geheimnis. In Wirklichkeit ist das Göttliche Wissen, in welchem Zustand ein bekanntes Ding auch existiert, damit beschäftigt; und es ist den Notwendigkeiten des Namens oder der Eigenschaft gemäß manifestiert. Und was damit gemeint ist, dass Wissen an das gebunden ist, was gewusst wird, soll hiermit zum Ausdruck gebracht werden.

Nun, die Bedeutung der Fügung (*qada* – eine einem Ersuchen entsprechende Entscheidung) ist: In welchem Zustand oder welcher Form alle »Dinge« im Göttlichen Wissen auch waren, *qada* ist die absolute Verfügung *(hukum)* über ihren Zustand. Schicksal (*qadar* – schicksalhafte Zuweisung) ist das In-das-Universum-der-Sinne-Kommen und das Bezeugen-der-Manifestation von *qada* gemäß einer daraus entstehenden Kapitelfolge, Stück für Stück, dem Fähigkeitsgrad eines jeden Wesens entsprechend. Und die Manifestation dieser Dinge entspricht auch dem Eignungsgrad desjenigen, in dem es sich manifestieren wird.

* * *

Frage: Alles, was wir bis hierhin gesagt haben, bedeutet ungefähr dieses: Wir verstehen also, dass, was immer geschehen ist, der Eignung einer Person entspricht. Alles, was geschehen ist, wie Leugnung, Glaube, Güte und so weiter, ereignet sich in einer Person, weil sie von Gott danach verlangt hat, und es erscheint in dieser Person gemäß ihrer Fähigkeit, Eignung und Möglichkeit. Sogar was wir sagen, wird zu dem, was Gott tat. Wenn uns aber Gott diese Eignung gibt, bedeutet dies nicht auch, dass wir einem Zwang unterliegen?

Die Antwort darauf: Für alle diejenigen, die Glauben und Wissen und so weiter diskutiert, darüber geschrieben und nachgedacht haben, ist Eignung weder gemacht noch geschaffen, weil wenn das *mahiyah* von etwas weder gemacht noch geschaffen ist, ergibt sich notwendigerweise, dass auch seine Eignung weder gemacht noch geschaffen ist. *Mahiyah* bezieht sich auf die Bilder des Göttlichen Wissens, und an diesem Punkt gibt es weder Machen noch Erschaffen. Was das etablierte Wesen eines jeden ihn nötigt zu tun, ist er gezwungen zu tun. Das erfordert das Geheimnis des Göttlichen Schicksals.

Im Wissen darum, dass die Situation derart eingerichtet ist, dass alles an seine Eignung gebunden ist, wird ein Mensch tun, was er demgemäß zu tun hat. Er kann nicht gegen seinen Zustand angehen. Er entdeckt, dass in ihm Dinge geschehen, eins nach dem anderen, ein jedes zu seiner Zeit. Wenn dieser Mensch dann denkt, dass seine Eignung darin unzureichend ist, leidet er. Noch einmal: In seinem Ursprung ist es kein Zwang.

* * *

Zwang hat zwei Seiten: Eine ist annehmbar und die andere muss zurückgewiesen werden (...) Die annehmbare Art ist: Die glaubende Person muss, nachdem sie alle Göttlichen Anweisungen zu erfüllen bestrebt war und sich allem Verbotenen enthalten hat, wissen – ohne sich selbst irgendwelche Macht zuzuweisen –, dass alle Angelegenheiten von Gott sind. Das ist gut. Während der zweite Zwang darin besteht, dass der Diener jeden möglichen Fehler begeht. Weder weiß er, was verboten ist, noch akzeptiert er irgendeine Anweisung. Und darüber hinaus ist alles, was er Gott zuschreibt, die zu tadelnden Taten, die er begangen hat, Handlung jenseits von Takt. Und dieser Zwang ist äußerst schlecht. In dieser Station gibt es viele Fragen und Antworten, und sie sind denen bekannt, die sie kennen. Ein Mann, der diese Station erreicht hatte, wurde gefragt: »Wie entkommst du der Haltung, in der du Gott Unterdrückung zuschreibst?« Und er antwortete: »Weil ich in der gesamten Sphäre Gott nichts anderes zugesellte; also wenn alles in Seinem Besitz ist, wen wird Er dann unterdrücken? Jeder nutzt, was er besitzt, nach seinem Belieben.« In dieser Angelegenheit reicht das Gesagte.

* *
*

Den Berichten zufolge hat Enes Bin Malik dem Propheten zehn Jahre lang gedient. Als Enes dies erläuterte, sagte er: »Ich habe dem Propheten zehn Jahre lang ohne Unterbrechung Tag und Nacht gedient. Bezüglich dessen, was ich tat, hörte ich ihn kein einziges Mal danach fragen: ›Warum tatest du es?‹ oder ›Warum tatest du es nicht?‹.« Dieser Zustand entstammt des Propheten Wissen um das Geheimnis von *qadar*. Der Scheich fügt Folgendes hinzu: »Gott hält gewisse Geheimnisse vor Seinen Gesandten und Propheten während ihrer Gesandtschaft geheim. Eines davon ist das Geheimnis der Bestimmung. Wenn der, der zur Wahrheit einlädt, wie ein Gesandter oder ein Prophet, in einigen der Leute, denen gegenüber er bezeugt, deren Neigung zum Verleugnen erkennen würde und in einigen sähe, dass seine Einladung nutzlos ist, würde er untauglich bleiben und verwirrt, und er könnte seine Gesandtschaft nicht so ausüben, wie es erforderlich ist. Daher wäre er durch das Wissen um dieses Geheimnis behindert. Das Geheimnis der Bestimmung wird den Propheten zu wissen gegeben, nachdem ihre Gesandtschaft beendet ist und nachdem offenbar wurde, wer die Wahrheit verbirgt, wer ein Gläubiger und wer eine reine Person ist.«

* * *

Ein Gnostiker verändert seinen Zustand ständig. Wir können dies mit den Worten Ibn Arabis erläutern. »Würde ein wirklicher Gnostiker genau in demselben Zustand verweilen und ständig in sich allen Glauben und alles Wissen vereinigen, würde befürchtet, dass er einen Zustand erlangen könnte, der demjenigen des Herrn verwandt wäre. Eine Person, die weitergeht, ständig die Farbe wechselt und dies gänzlich weiß, kann doch nicht immer in einem bestimmten Zustand bleiben; weil, täte sie das, würde sie sich selbst als beim Absoluten Herrn wähnen. Doch Illusion *(khayal)* ist nicht Wahrheit. Was sie gedacht hätte, wäre ihre eigene Illusion gewesen, und sie wäre bei ihrem Herrn verblieben und bei ihrer eigenen Vorstellung, und hätte nie beim Herrn aller Herren sein können.«

Wenn ein Gnostiker ein klares Verstehen von allem erlangt hat und zu Absolutheit und Nicht-Relativität übergegangen ist, mag er die Wahrheit als seinen Glauben annehmen und Ihn verehren und dann wieder in das Relative übergehen: Dabei gibt es große Furcht, weil er, wenn er dem Zustand der Absolutheit anhaftet und in ihm verbleibt, nie von der Möglichkeit der Furcht befreit sein wird. Dieser Zustand dauert an, bis zur *yaqi* (der Kenntnis der Sache durch sie selbst); und es ist Gott mit all Seiner Selbstheit und Seinen Eigenschaften, Der *yaqi* ist.

* * *

Nützliches Wissen: Es sollte bekannt sein, dass die Leute von *yaqi* ihren Zustand in drei Teile aufgeteilt haben. Der erste ist, *yaqi* durch Wissen zu finden, ein anderer durch Sehen, und der dritte ist, die Wahrheit davon zu erreichen. Zum Beispiel bestünde der erste darin, um Heldentum zu wissen, der zweite, jemandem bei einer Heldentat zuzuschauen, und der dritte wäre, wirklich selbst ein Held zu sein; wer die Heldentat begeht, kennt ihren Geschmack. Derart ist Gnostizismus, und solcher Art geht er weiter. Wer versteht, wird verstehen.

Kapitel 7

AN DIESER STELLE IST ES NOTWENDIG, DIE ABSOLUTHEIT
und Relativität der allumfassenden Wahrheit zu erläutern.

Welche Art von Glauben ist für denjenigen notwendig, der von Furcht befreit und vor ihr gerettet werden muss? Das werden wir erklären. Aber zuerst eine Einführung.

Es ist notwendig zu wissen, dass die allumfassende Wahrheit *(haqiqat al-jamia)*, die der Scheich oben erwähnt, einer der vielen Namen ist, die auf das Benannte verweisen. Einige Gnostiker haben sie als »Liebe« interpretiert, einige andere Große als »ewige Stärke und Rede«. Beide, Muhyiddin Ibn Arabi und Sadruddin Konevi, haben damit nur eine Sache im Sinn, und das ist die Eine Selbstheit und die Eine Wirklichkeit.

> Deine Schönheit ist einzig, Verehrungen aber sind vielfach.
> Die Ausrichtung von allem auf diese Schönheit ist geschaffen.

***

Diese Wirklichkeit wird im Arabischen *wujud* (Existenz), im Türkischen *varlik* (Existenz), im Persischen *hati* (Existenz) genannt; in Wirklichkeit aber ist diese Existenz gegenüber allen diesen Namen transzendent. Wahr ist, dass man die Begriffe *wujud* (Sein), *ashq* (Liebe), *nur* (Licht), *nafs* (Selbst) oder *rahman* (Erbarmen) verwendet, aber, was mit all diesen gemeint ist, ist der Name des Einen Seins, und das ist *haqq* (Wirklichkeit).

Jene, die Sein als absolut interpretieren, haben es Bedingungen unterworfen. Sie haben die Bedeutung von Sein aus der Vereinigung von Absolutheit mit Relativität extrahiert. Sie haben aber eine andere Art von Absolutheit aus dieser Vereinigung und Transzendenz in Betracht gezogen. Weiterhin haben sie es sogar gegenüber der Transzendenz transzendiert. Sie haben sogar gesagt, dass, während du es Bedingungen unterwirfst, es absolut notwendig ist, es gleichzeitig zu transzendieren.

Deswegen ist das eine Angelegenheit, die von Geschmack abhängig ist. Man muss also verstehen, dass diese Eine Existenz eine derartige Größe hat, dass Sie alles mit einschließt. Auch sammelt Sie in Ihrem Sein alle Ebenen. Dann sammelt Sie alle Ebenen in Ihrer Selbstheit. Also lass Sie das Gleiche wie all die Ebenen sein und lass Sie zugleich gegenüber ihnen allen transzendent sein. Auf diese Weise ist Sie zugleich relativ und absolut, gleichzeitig allumfassend und transzendent gegenüber allem. Dank Ihrer Absolutheit ist Sie reich über alle Bedürfnisse hinaus und wertvoller als alles, so dass keine Laune, kein Gebet Ihn erreicht. Zwei koranische Zitate, die auf diese Bedeutung hinweisen:

1. »Gott ist der Über-alle-Bedürfnisse-hinaus-Reiche des Universums.«
2. »Lobpreis und Verherrlichung deinem Herrn, dem Herrn der Stärke und des Werts über das hinaus, womit sie Ihn qualifizieren können.«

Und ein Hadith erläutert die gleichen Bedeutungen: »Gott war Gott, und da war nichts, was Ihm gleichkommt.«

* * *

In dieser Station existieren weder Name noch Bildnis, noch Gedicht, noch Adjektive des Lobpreises. Er wird als frei und gegenüber allem transzendent betrachtet. Wer durch alle Ebenen reist und Sich selbst offenbart, ist Er. Da Er das Gleiche wie jede Ebene ist und in der Lage ist, der Sammler von allem zu sein, ist Er der Eine, Der mit allen Namen gerufen wird, dargestellt in jedem Bildnis, mit verschiedenen Namen, Eigenschaften und Befähigungen bezeichnet. Er steigt auf jede Ebene hinunter, und dieser Abstieg ist auch ein Zeichen Seiner Reife. Sein Abstieg wird mit diesem Hadith erläutert: »Ich war krank, und du hast Mich nicht besucht. Ich war hungrig, und du hast Mir nicht von deiner eigenen Nahrung gegeben.« Die Wirklichkeit in Ihren Eigenschaften, in Ihrem Abstieg und Ihren Ebenen akzeptiert die Gegenteile, weil es in Ihrer Sichtweise nichts Derartiges wie Gegenteile gibt. Nur wer besonderer als besonders ist, versteht dies. Für die Menschen der Gnosis ist das ein Hinweis, und für sie ist das genug. Der folgende koranische Spruch zeigt die Situation sehr gut: »Er ist Anfang und Ende, Er ist das Äußere und das Innere, und Er kennt alles und jedes in deren eigenem Sein.«

Wir haben so weit wie möglich erklärt, was absolut und was relativ ist. Lass es bekannt werden, dass, wenn du Ihn mit Absolutheit beschränkst, diese Absolutheit gewissermaßen relativ wird. Doch ist es notwendig, Ihn in keine Beschränkung zu binden, weil

Gott alle Ebenen umfasst hat. Der folgende Vers aus dem Koran bringt dies zum Ausdruck: »Wo immer du dich hinwendest, Gott hat in dieser Richtung ein Antlitz der Offenbarung.« Dieser Anweisung entsprechend, enthält jede Ebene ein Antlitz der Offenbarung in sich. Folglich kannst du nicht die eine verleugnen und die andere akzeptieren. Tust du das, verbirgst du die Wahrheit, und dies wird als Verleugnung betrachtet.

Ein Götzenanbeter zum Beispiel verleugnet, weil er seine Anbetung nur an einen Götzen gerichtet hat und weil er seinen Zustand darin festgehalten hat, jeden anderen Glauben. Folglich wird er als jemand betrachtet, der die Wahrheit verhüllt. Wenn dann ein Moslem eines der Wesen verleugnet, in denen Gott Sich selbst manifestiert, betrachtet ihn die Religion nicht als Moslem.

> Das Verhüllen des Falschen hat die Absolute Wahrheit verhüllt.
> Die Hülle der Wahrheit hat ihn selbst mit Wahrheit umhüllt.

* * *

Oh Sohn, die Bedeutung davon ist im koranischen Vers verborgen: »Deines Herrn Weisung ist, dass du nur Ihn verehrst.«

> Das Größte der Universen, der tiefste Ozean bist Du.
> Warum sich um Orte kümmern, da Du doch das Dasein bist.

Die Person, die den Kern des Zustands der Absolutheit erlangt hat, wird Gnostiker genannt, ein Heiliger, eine Person Gottes. Für sie gibt es den folgenden koranischen Vers: »Beachte, dass es für die heiligen Diener Gottes weder Furcht noch Traurigkeit gibt.« Gnostiker, heilige Diener, schließen sich dieser Gesellschaft an und finden Erlösung von Furcht und Gefahr. Mein Gott, mögen uns diese Zustände gewährt werden.

* * *

Ibn Arabi sagt: »Dies ist der letzte Zustand für diejenigen, die gegenüber Gott, Der auch der Herr derjenigen ist, die sich selbst als Erschaffer zu erkennen gaben, ein Gefühl der Gnosis erreicht haben.« Das heißt, dass man eine Absolute Wirklichkeit verehren muss. Leute, die ein spezifisch oder relativ Existierendes verehren, verehren nur einen Götzen, den sie in ihrer eigenen Vorstellung geschaffen haben. Was sie verehren, sind verschiedene Götzen. Was ist vorteilhafter: diese verschiedenen Arten von Götzen oder der Eine und Alles-bezwingende Gott? Natürlich ist der Eine und Alles-bezwingende Gott besser. In Seinem Besitz befindet sich nichts als Er selbst. Es gibt niemanden, der Seine Fragen beantwortet. Er stellt sie, und Er beantwortet sie.

Sicherlich enthält dies also einen sehr wichtigen Hinweis und ein sehr wichtiges Zeichen: Das heißt, wenn Gott, Der Eins und All-besitzend ist, Sich selbst einem Seiner Diener in Seiner Eigenschaft als der Zerstörer offenbart, würde dieser Diener alles vernichtet sehen. Dann ist »alles vernichtet außer Seinem Antlitz.« »Alles auf Erden wird vernichtet sein, und es wird nur das Antlitz deines Herrn übrig bleiben, Der Majestätisch und Großzügig zugleich ist *(dhul-jalal wa-l ikram)*.« Dementsprechend ist es notwendig, heute zu sterben, vor dem Sterben. Dieses Sterben muss durch Entschlossenheit geschehen; und der, in dem dieser Zustand des Sterbens erscheint, wird die vollständige Vernichtung von allem außer Gott sehen und wird selbst nicht existieren. Diese Nicht-Existenz ist umfassende Nicht-Existenz. Das ist der Zustand der Auslöschung in Gott *(fan fi-l llah)*. Dort ist nichts übrig außer der Schönheit Gottes. Dieser Diener bleibt lange Zeit in diesem Zustand: Er erleidet große Anziehungskraft. Dort gibt es weder Zeit noch Ort (...) Er wird weder zum Universum noch zu einem Engel (...) Dort bleibt dann nur Gott. Dann ruft Gott in Seiner Existenz Folgendes: »Wem gehört aller Besitz heute?« Auf diesen Ruf gibt keine Stimme von niemandem eine Antwort. Dann ruft Gott in Seiner Größe von Seiner Selbstheit zu Seiner Selbstheit als Antwort: »Er gehört Gott, Der der Einzigartige und der All-Besitzende ist.«

Der Mensch des Wissens ist in diesen Angelegenheiten in Nichtheit verloren und begraben. Da dies so ist, gewährt ihm Gott eine Existenz von Seiner eigenen Existenz und färbt ihn mit der Göttlichen Farbe. Alle seine inneren und äußeren Qualitäten werden verändert. An diesem Tag wird die Erde eine andere Erde, gleichermaßen die Himmel. Und sie alle werden manifest um der Existenz Gottes willen, des Einzigartigen und All-Zerstörenden. Und die wirkliche Bedeutung dieses Verses wird klar.

Dann gibt Gott diesem Menschen des Wissens eine Göttliche Sicht, Göttliches Hören und Göttliche Zunge und setzt ihn an den Anfang von Fragen und Antworten: Auf diesem Weg ist der Diener durch die Nicht-Existenz gegangen und hat das Universum der Existenz erreicht; er wird existent durch die Existenz Gottes. Sein wahres und wirkliches Verstehen und Wissen beginnt hiernach. Im Moment dieser ersten Offenbarung aber gibt es weder Wissen, noch Wissenschaft, noch Bewusstheit; dort ist es ein Universum der vollständigen Nicht-Existenz. Die Bedeutung jenes obigen Zitats wird viel besser durch Zustand verstanden. Es ist nicht richtig, dies klarer als so in Worte fassen zu wollen; dafür gibt es keine Erlaubnis. Diejenigen, die das lesen, lesen es ohne Zunge und hören es ohne Ohr. Dies wird nicht *ilm-l yaqi* genannt, weil darin auch die Zustände von *ayn al-yaqi* und *haqq al-yaqi* existieren. Der Diener, der diese Station erreicht hat, ist von aller Furcht und aller Erwartung befreit. Derjenige, der den Zustand der Inspiration gibt, ist Er; derjenige, der zur Reife und Führung bringt, ist Er. Bezeichne Ihn mit welchem Adjektiv du willst.

* * *

Ibn Arabi sagt, dass die Leute des Verstehens *(ashli kashf)* alle Überzeugungen, jeden Glauben und alle Stationen verstehen. Sie besitzen wahren Beweis der Göttlichen Stationen und Zustände der Schöpfung; ihnen fehlt es nicht an Wissen um irgendetwas; ihr Wissen umfasst alles und jedes.

Sei es bezüglich Gott oder der Schöpfung, die *ashli kashf* verschwenden keine leeren Worte. Wenn sie über eine Angelegenheit sprechen, verfügen sie über das volle Wissen dieser Sache, und dann sprechen sie. Derjenige, der diese Worte gesprochen hat, weiß, von welcher Ebene und welcher Station er gesprochen hat und woher er jene Worte erhalten hat. Danach macht er niemandem Vorwürfe, der falsche Worte gesagt hat; er entschuldigt sie und betrachtet sie nicht als nutzlos. Gott hat nämlich nichts Unnützes geschaffen.

Damit ein Gnostiker in diesen Zustand kommen kann, sind viele Dinge erforderlich. Das Erste davon ist seine Kenntnis der Namen Gottes. Er weiß, dass alle Ebenen und Stationen von diesen Namen erforderlich gemacht werden und dass alle Dinge Manifestationsorte dieser Namen sind. Er weiß, dass der Manifestationsort eines jeden der Göttlichen Namen der Eignung und Fähigkeit dieses Ortes aufzunehmen entspricht.

Gott hat diesem Gnostiker die Interpretationsweise der in diesen Namen tiefer verborgenen Bedeutungen gewährt. Er liest, er versteht, und er legt aus und legt aus. In der Folge vermag er alles in sein Wesen zu integrieren. Sein Rahmen ist weit, und er umfasst alles und jedes. Der Prophet Mohammed sagt: »Was mir zuerst gegeben wurde, war *jawami-l kalim*.« Das ist der Zustand, aus wenigen Worten viele Bedeutungen zu erhalten. Hat ein Mensch dies erreicht, ist er der Erbe des Propheten, und er hat die Wahrheit des Propheten erreicht. Mögest du das hier Gesagte verstehen, entsprechend der Art, wie es Gott gefällt.

* * *

Ibn Arabi wiederum sagt: »Wenn ein Gnostiker und reifer Mensch ›Er‹ sagt, so wird er ›Er‹; und wenn er dies im Zustand der Vollständigkeit sagt, verbleibt der Sprecher selbst nicht dazwischen, sondern er wird vollständig ›Er‹. Dies ist eines der Geheimnisse im Finden des Zustandes der Gnosis. Nicht jeder weiß das; und es gab niemanden, der darauf hingewiesen hat, weil sie entweder widerstrebend waren oder Befürchtungen hatten. Denn es besteht eine Möglichkeit, einer Gefahr zum Opfer zu fallen. Weil in dieser Station nämlich die Qualität des Innewohnens vom Diener manifestiert wird. Denn im Moment, in welchem der Diener ›Er‹ sagte, ist das, was mit der Zunge des Dieners gesprochen hat, die Göttliche Stärke und Macht.«

Lasst uns bei diesem Satz ein wenig verweilen. Denn es geht um die Frage des Innewohnens *(takwin)*. Gottes eigene Eigenschaft des Innewohnens wird im Diener offenbart. Das ist die tiefe Bedeutung in diesen Worten. Wie auch immer, es ist notwendig, mehr von dem zu erschließen, was gemeint ist, und dieses Thema mehr in Richtung Wirklichkeit in dieser Station zu lenken. Wann immer eine Person, die den Grad der Vollständigkeit gefunden hat, »Er« sagt, wird erwartet, dass all ihr Wesen und Sein in Nicht-Existenz verloren und begraben sind; und dies ist Tod. Aber es ist ein Tod in Übereinstimmung mit dem Hadith: »Stirb, bevor du stirbst.« Der Vollständige Mensch stirbt, wenn er dies tut, mit einem Tod, der Folge ist einer Willenskraft und gestützt auf sie; und er hat sich selbst in den Ozean von Er geworfen, ohne Füße noch Kopf zu haben oder irgendeine Spur von äußerem oder innerem Wesen oder Sein in sich zu haben. Da wird er ertränkt, wird er vernichtet, und es verbleiben von ihm weder Namen noch Zeichen, und er wird Er. Denn der Tropfen ist in den Ozean gefallen und zum Ozean geworden. Der Begriff ›Er‹ und der hier angeführte Ozean sind das Universum des Einsseins, der Liebe, des Absoluten Seins und das Meer des Lichts.

Der Prophet verwendete immer den folgenden Satz in seinem Gebet, das er uns gab, um uns zur Reife zu führen: »Mein Gott, bitte, mach mich zu Licht.« Zweifellos war er Licht; aber das Gebet hat diese Form, um uns zu lehren, denn eine Person, die sich dem Er ergibt, ist Licht.

> Gib Gott Sein; lass das Sein sofort Gottes sein.
> Ziehe dich aus dem Dazwischen zurück; lass das, was bleibt,
> der Freund sein.

**

Ist es überraschend, dass der Mensch, der sein Sein dem Er gibt, Er werden sollte? Wenn der tote Körper einer Person in einen Salzsee fiele, würde er zu Salz, und dieses Salz ist rein. Dementsprechend werden diejenigen, die als Folge eines auf Willen gestützten Todes *(irada)* in Sein Sein fallen und ihr eigenes Sein zurücklassen, zu Er, werden Licht und werden rein. Dieses Geschehen wird nicht als etwas weit, weit Entferntes betrachtet: Wenn wir hier »Er« sagen, ist es *Hu*. Die Bedeutung von *Hu* heißt, »diese Person« zu sagen. Was wir aber meinen, ist die Selbstheit Gottes. Das meint, dass die Person von Gnosis all dies folgendermaßen betrachtet: Alles Sein ist Gottes; und das Sein, das in mir ist, ist auch Gottes.

Dann wirft er alles Sein und seinen eigenen Kern in den Ozean der Selbstheit Gottes, und keine einzelne, einzige Sache außer der Selbstheit bleibt; dies ist, was notwendig ist.

Hier ist es notwendig, dass, wer im Namen *Hu* weitermacht, weiß, dass was beabsichtigt ist, das Benannte ist. Das heißt: Wenn er »*Hu*« sagt, lass ihn sich selbst und alle Existenz im Sein der Selbstheit von Er auslöschen, das heißt im Benannten, ohne Namen, Bildnis, Zeit, Ort oder Zeichen auszulassen (…) Es ist notwendig, dass wer »*Hu*« sagt, mit dem Umfassenden Sein verschmilzt und selbst »*Hu*« wird.

DER INNERSTE KERN

Das Erste, das Letzte, was auch immer es da gibt, war *Hu;*
Das Innen, das Außen, was auch immer es da gibt, war *Hu.*

Was wir zu erläutern wünschten, ist, dass es, einmal in dieser Bedeutung angekommen, keine Rolle spielt, ob der Diener dann »Er« sagt oder »Uns« oder »Sie«, oder gar wenn er »Du« sagen will: Was mit alledem gemeint ist, ist die Selbstheit von Er.

Ibn Arabi sagt dies: »Die Bedeutung, die hier zu vermitteln versucht wurde, deuteten viele Gnostiker nicht einmal an, weil es notwendig ist, dass es so sein sollte.« Und dann fährt er in folgender Weise fort: »Hier besteht Gefahr, und die größte ist die Möglichkeit, dass der Diener Gott innewohnend macht. Wenn er ›Er‹ sagt, folgt daraus das Innewohnen der Schöpfung. Gewisse unnötige Worte kommen dazwischen. Die Wahrheit der Angelegenheit besteht darin, dass, wenn jemand ›Er‹ sagt, der keinen vollständigen Führer erreicht hat und nicht reif geworden ist, er hier vielleicht dem Irrtum verfällt.«

Das heißt, wenn er nicht aus der Hand des Führers – er ist der wirkliche Kelchträger – das Glas der Liebe getrunken und nicht die Auslöschung in der Selbstheit Gottes gefunden hat, wird er, wenn er »Er« sagt, seiner eigenen Mutmaßung, Vorstellung und Relativität entsprechend reden. Er bringt das Sein Gottes in die Vorstellung und gibt ihm eine Form, weil er sich selbst des Seins nicht entkleidet und Absolutheit nicht erreicht hat. Folglich unterwirft er Gott seiner Mutmaßung und Vorstellung, entsprechend einer Bedingung, und zieht eine Grenze um Ihn; damit wird er Ihn innewohnend machen und Ihn erfunden haben. Und also hat er einen Schöpfer verehrt, den er selbst geschaffen hat.

Es ist wahr, dass Er, entsprechend der Bedeutung des Satzes: »Ich bin dem gemäß, was mein Diener glaubt«, sogar in dem, was Sein Diener erfunden hat, ein Antlitz hat. Aber mit dem Innewohnend-Machen des Dieners ist Er sogar in dessen Mutmaßung eingegangen und manifestiert sich dort. Wie auch immer: Was immer ist, es gibt immer eine wahre Seite. Denn es gibt kein einziges Relativum, in dem es nicht ein Antlitz des Absoluten gibt; und gleichermaßen gibt es kein Absolutes, in dem es nicht ein Antlitz des Relativen gibt. Vielleicht ist also, wer sich hier innewohnend macht und sich erfindet, auch Er selbst. Aber die Weisung *(hukm)* ist dem Glauben des Dieners gemäß. Folglich ist diese Gottheit relativ und nicht die Absolute Gottheit. Dies ist die Weisheit des Spruches: »Es besteht Gefahr in diesem Zustand.«

Wahre Reife ist jene, in welcher der Diener, wenn er »Er« sagt, sich selbst vollständig seines Seins entkleidet und vollständige Nicht-Existenz und vollständige Auslöschung erreicht. Lass dann nicht zu, dass er sich an irgendetwas durch die Besonderheit eines Glaubens, einer Mutmaßung oder einer Bedingung bindet. Lass nicht zu, dass er sich von den vielen Richtungen einer besonderen zuwendet. Daher wird er nach alledem dem Herrn sich hingegeben, den Herrn verehrt haben, Der großartiger ist als alle Gottheiten, den Absoluten Gott. Sonst wird er Diener eines Idols, das eine Illusion aus seiner eigenen Annahme heraus ist. »Hast du jenen nicht gesehen, der sein eigenes Begehren als Göttlichkeit akzeptiert hat?« Auf ihn bezieht sich die Warnung des Verses aus dem Koran, und er gerät in Gefahr.

Kapitel 8

Das Innewohnen *(takwin)* betreffend

DIE LEUTE DER VOLLKOMMENHEIT SIND DIEJENIGEN, DIE, indem sie ihrem Atmen Aufmerksamkeit schenken, wie Hüter und Wächter des Schatzes ihrer Herzen werden. Lass sie dort stehen als Hüter und erlaube keinem Fremden einzutreten. Der Schatz des Herzens ist die Bibliothek Gottes. Lass nicht zu, dass anderen Gedanken Eintritt gewährt wird als denjenigen, die Gott betreffen.

In Übereinstimmung mit: »Der Wege, die zu Gott führen, gibt es so viele, wie es Atem von Geschöpfen gibt«, ist in jedem Atem eine Straße, die in Gott endet. Was sich für den Menschen von Gnosis geziemt und für ihn notwendig ist zu tun, ist, dass er jeden Atemzug von Gott nehmen und ihn Ihm zurückgeben sollte. – Es ist auch erlaubt, diesen Atem *(nafas)* als das Selbst *(nafs)* zu interpretieren. Demgemäß würde das Selbst oder der Atem, verließe er den Menschen, zu seinem Ursprung zurückkehren. Er hat keine Farbe. Dieser Atem oder dieses Selbst – was auch des Dieners Gedanke oder Arbeit ist – wird mit dessen oder deren Farbe gefärbt und dehnt sich aus unter diesem Gewand.

Auf jeden Fall ist es notwendig, das Herz von Dingen, die der Zufriedenheit Gottes nicht zuträglich sind, rein zu halten. Es ist notwendig, es von schlechten Erinnerungen zu reinigen. Das Herz des Dieners ist der Schatz der Bibliothek Gottes; der Mensch ist sein Hüter. Jeder andere Gedanke ist ein Dieb und ein Bandit. Es ist notwendig, ihnen den Weg zum Herzen zu verschließen. In der Tat wird im Hadith das Herz so erklärt: »Das Herz des Gläubigen ist der Ort der Offenbarung Gottes; das Herz des Gläubigen ist der Thron Gottes; das Herz des Gläubigen ist der Spiegel Gottes.« Wer zulässt, dass Banditen oder Diebe diese Schätze rauben, ist daher in einer schwierigen Situation, weil er dann als genauso trügerisch betrachtet wird; und Gott mag den Trügerischen nicht, wie das im folgenden Vers aus dem Koran zum Ausdruck gebracht wird: »Ganz sicher mag Gott den Trügerischen nicht.«

Wird das Licht Gottes im Herzen angezündet,
Werden ihm die Füße der Diebe abgehauen.

* *
*

Die Gedanken, die den Leuten in den Sinn kommen, die in der Nähe Gottes angelangt sind, sind wie die Worte und Handlungen, die unter den Menschen, die diese Nähe nicht erreicht haben, offen fließen. Sie sind auch verantwortlich für widrige Gedanken, die in ihre Herzen kommen. Ein Hadith sagt, dass die Person, die sogar den feinsten Gedanken in ihren Geist bringt, über diesen Gedanken mit der gleichen Feinheit, die dem Gedanken selbst eigen ist, befragt wird; und viele der guten Taten von Menschen, die Gutes tun, werden gemäß jenen, die Nähe erreicht haben, als Irrtum betrachtet.

In Wirklichkeit ist Gott nicht einverstanden, dass irgendjemand anderes als Er selbst in das Herz Seines Dieners eintreten sollte. Denn dieser Platz ist der Ort der Göttlichen Offenbarung. Ein Hadith, der das erklärt, lautet: »Das Herz ist eine Göttliche Kaaba. Wer immer Gedanken, die nicht Gott betreffen, einzutreten erlaubt, füllt sein Herz mit Idolen.«

Auch wenn Gott der Schöpfer aller Gedanken ist, wird der Diener trotzdem wegen seiner Unachtsamkeit einer Befragung unterworfen.

Die weitere Erläuterung dieses Themas ist auch in der Bedeutung des koranischen Verses verborgen: »Er ist in jedem Augenblick in einer anderen Anordnung.« Dementsprechend zeigt

Gott beständig immer neue Offenbarungen. Aus jeder Offenbarung gibt es eine Weisung Gottes, die auf die Diener herunterkommt. Sie kommt, ihre Herzen zu besuchen. Der Befehl Gottes, diese Offenbarung sozusagen, ist der geheime Besucher. Er kommt von Gott und wohnt im Herzen des Dieners. Ist in diesem Augenblick das Herz des Dieners von Gott erfüllt, begegnet dieser Besucher Gott in diesem Herzen und vereinigt sich mit der Wirklichkeit, die im Herzen gegenwärtig ist. Hier zitieren wir einen Hadith, der das noch besser erklärt: »Weder Meine Erde noch Meine Himmel enthalten mich, aber Ich passe in das gläubige Herz.« Das ist ein Hadith qudsi. In Erläuterung von dessen Bedeutung hat ein Liebender Folgendes gesagt:

Das Herz ist eine Perle, die Gott anschaut.
Das Herz ist der Ort der Manifestation des Namens und
 des Benannten.
Das Herz ist ein Falke oder ein Wundervogel.
Das Herz ist das Sein der Selbstheit Gottes.

* *
 *

Aus der Vereinigung dieses Besuchers, der Gottes Befehl ist, mit der Wirklichkeit im Herzen erscheint eine heilige Schönheit. Die Weisheit in den Worten kehrt zu Gott zurück und kommt dort an. Dieses Kommen und Gehen geht nicht von Seiten des Geistes aus. Das ist eine gegenüber allem transzendente Herabkunft. Und das Gehen geschieht in der gleichen Art und mit einer transzendenten Rückkehr. Weder die Intelligenz der himmlischen Sphären noch diejenige der Engel erreichen dieses Kommen und Gehen. Sähen sie irgendetwas, sie sähen ein gegenüber allem transzendentes Licht, und sie wüssten nicht mehr.

Kommt diese Offenbarung, die der geheime Besucher ist, an, wird sie der Diener, wenn sein Herz mit Erinnern und Meditation beschäftigt ist und er an Gott denkt, mit dem angemessenen Respekt empfangen haben. Kommt diese Offenbarung an und findet keine Gedanken über Ihn, trifft dafür aber auf einen Engel, ergibt sich aus ihrer Vereinigung ein den Engeln vorbehaltenes Bildnis. Dieses fliegt dann den Weg, den Geister nehmen, bis es die Äußerste Grenze *(sidrati-l muntaha)* erreicht und dort verbleibt.

Kommt dieser Besucher und trifft dort bei seiner Ankunft teuflische Dinge, nimmt er diesmal einen Zustand an, der einem Fieberanfall gleicht. Er ist fast wie ein schwarzer Vogel. Er durchschreitet die Straße, durch die Teufel gehen, und geht weiter. Er kann nur einen Ort bis unterhalb des Mondes erreichen. Denn es gibt keinen Weg, der weiterführt, und dort wartet er bis zum Tag des Erkennens.

Kommt dieser Besucher und findet darin unmittelbar Schönheit, nimmt er sogleich eine gute Form und ein gutes Abbild an. Mit einem guten Flug fliegt er bis ins Paradies, findet der Natur der angenommenen Form gemäß Überfluss und wartet, bis der Eigentümer kommt.

Es gibt noch viele weitere Dinge, auf die nicht eingegangen werden muss. Jede Offenbarung, die in das Herz herabsteigt, worauf sie auch gepfropft wird, nimmt eine gute oder schlechte Form an und kehrt zum notwendigen Platz zurück. Damit er die Offenbarung gut und angemessen empfange, ist es für einen Menschen daher notwendig, dass er beständig gute Gedanken nähre.

* *
 *

Ein Mensch ist im Wesentlichen ein Göttliches Armenhaus. Die Selbstheit Gottes ist in beständiger Offenbarung, und wahre Befehle steigen zum Diener herunter. Wie ihr Abstieg farb- und formlos ist, so ist auch sie selbst farb- und formlos. Und doch erschafft Gott die Offenbarungen in jeder Farbe und Art, und er erschafft sie gemäß der Farbe des Menschen, seines Glaubens, seines Inneren und seines Denkens. Mit diesem Tun soll das Ziel erreicht werden, die Offenbarung der Eigenschaft des Innewohnens der Wirklichkeit *(haqq)* zu erläutern.

Die reife Person darf in keinem Fall unaufmerksam sein. Sie muss versuchen, diese Göttliche Offenbarung genau so, wie sie zu ihr kam, ohne Form und Gewicht, farb- und formlos zurückzugeben. Die wirkliche Aufgabe ist, ihre Rechte zu ehren und zu respektieren und in der Lage zu sein, sie genauso zurückzugeben, wie sie gekommen ist.

Sei es im Menschen drin oder außerhalb von ihm, alle Angelegenheiten, Gedanken, Taten, Überzeugungen, Vorstellungen und sogar alle genommenen Atemzüge, nichts von alledem geht zunichte. Jede Tat, ob gut oder schlecht, hat eine Fähigkeit und Eignung, die ihr entspricht, und jede nimmt eine ihrem Zustand gemäße Form an. Und im anderen Universum erscheinen sie in jenen Bildern, die sie hier empfangen haben. Der Eigner dieser Angelegenheiten und Taten findet, wenn er sie erreicht, entsprechend den ihnen gegebenen Bildnissen, entweder Überfluss und kann ins Vergnügen eintauchen, oder er ist verletzt und leidet. Das ist das Geheimnis, das hier offenbar wird. Die Bedeutung des koranischen Verses erläutert dies: »Hat eine Person Gutes in der Größe eines Atoms getan, wird sie das erkennen; hat sie Schlechtes in der Größe eines Atoms getan, sie wird es erkennen.«

* * *

Ibn Arabi fährt weiter und sagt Folgendes: »Gott hat Sein eigenes Sein erschaffen; aber Intelligenz kann dies nicht verstehen, weil dieser Verstand aus jenen Intelligenzen besteht, die über materielle Dinge denken. Der Intelligenz, die zu den materiellen Dingen gehört, fehlt es an Verständnis für große Dinge. Um dies verstehen zu können, ist es notwendig, über eine Intelligenz zu verfügen, die über diese Dinge hinausgeht und weiter reicht.« In der Tat scheint es von einem äußeren Gesichtspunkt aus unangemessen zu sagen, dass Gott Sein eigenes Sein geschaffen hat. Vom Gesichtspunkt der Bedeutung her ist es aber trotzdem wahr, und es ist ein Zustand, der alles auf einen Zustand der Unfähigkeit reduziert. Was für uns nötig ist, ist die Bedeutung.

* * *

Eine andere wichtige Sache, die Intelligenz nicht versteht, ist: Jeder, der ein Gott betreffendes Wort äußert, schafft sich ein Bildnis von Ihm. Auch wenn er es verehrt, verehrt er noch immer, was er sich vorgestellt hat. Auch das ist Gott selbst und niemand anderes. Gott hat im Spiegel des Herzens Seines Dieners ein diesem Missverständnis entsprechendes Antlitz gezeigt. Nun kommen wir zum Kern der Sache. In diesen Fällen der Vorstellung oder des Gedankens ist es offensichtlich nicht dieser Diener, der Gott erschaffen hat; sondern Gott hat Sein eigenes Sein erschaffen. Der Schöpfer von allem ist Gott; es gibt keinen anderen Schöpfer als Ihn. Was im Glauben des Dieners erscheint, stammt auch aus dem

Bereich der Dinge, die Gott geschaffen hat; tatsächlich wurden also auch sie von Gott geschaffen.

Dies ist also eine der tiefen Bedeutungen von: »Gott schuf Sein eigenes Sein.«

* *

Es gibt auch eine besondere Sache, die man kennen muss und die wir erklären werden: Schöpfen, Erzeugen, Erfinden, Machen und Innewohnend-Machen, alles verweist auf die gleiche Bedeutung. Auch wenn jeder dieser Begriffe eine leicht unterschiedliche Bedeutung hat, laufen sie alle aufs Gleiche hinaus. Was mit ihnen allen gemeint ist, ist die Manifestation und Offenbarung Gottes.

Ihnen allen sollte auch folgende Bedeutung gegeben werden: Gott hat Sein eigenes Sein geschaffen. Entsprechend der Mutmaßung des denkenden Dieners und seines Gedankens, manifestiert Er Sein Sein. Hier ist ein Beispiel. Jemand hält sich einen Spiegel vor und schafft dort sein Sein, erkennt es und kennt es. Es bereitet einer Person ein besonderes Vergnügen, sich selbst im Spiegel anzuschauen und zu sehen.

Aus diesem Grund hat Gott dieses Universum und Adam erschaffen und sie zu Seinen Spiegeln gemacht. Aber dies ist wichtig: Im Spiegel des Universums sieht Er Seine Widerspiegelung, und im Spiegel von Adam schaut Er genau Sich selbst und erkennt Er Sich selbst. Mit Adam ist hier der Mensch gemeint. Der Ausspruch: »Er hat das Universum und Adam erschaffen und sie zu Spiegeln für Sein Sein gemacht«, bedeutet: Er manifestierte Sich selbst als einen Spiegel. Er bot Seine Schönheit in diesem Spiegel Seiner Selbstheit an. Indem Er dies tat, wurde Er zum Erkennenden. Vom anderen Antlitz aus wurde Er zum Geliebten, und Er trat ein wie es Ihm gefiel. Wieder bot Er Seine Schönheit Sich selbst an und offenbarte Sich selbst: Dabei sind der Sehende, das Gesehene, das Sehen und der Spiegel das Gleiche.

* *

Der Vollständige Mensch ist ein solch reiner, sauberer, absoluter Spiegel, dass Gott, Der absolute Schönheit ist, darin Seine Selbstheit frei von Bedingung sieht.

Der Spiegel des Vollständigen Menschen ist der Offenbarung Gottes gemäß. Die Offenbarung in anderen geschieht entsprechend der Vorstellung des Dieners, seiner Fähigkeit zu empfangen und seiner Eignung. Gott spricht die Wahrheit und führt auf den geraden Weg.

* * *

Ibn Arabi hat am Ende seiner *Fusus al-Hikam* gewisse Worte verwendet. Weil es mit unserem Thema zu tun hat, werden wir hier einige Teile genauer betrachten. Kurz gefasst sagt Ibn Arabi: »Der Gott, an dessen Existenz man glaubt, ist die Göttlichkeit, die gemäß der Mutmaßung des Dieners beschaffen ist. Dies ist eine Beschaffenheit, die der Diener aus sich selbst heraus gemutmaßt hat, und die er in Übereinstimmung damit verehrt. Damit zwängt er Gott in seinen eigenen engen Rahmen. Daher verurteilt er die Überzeugung eines jeden, der nicht mit seinem eigenen Glauben übereinstimmt. Der Grund dafür besteht nicht darin, dass sie nicht mit Gottes Verlangen übereinstimmt, sondern dass sie nicht zu seiner eigenen Mutmaßung passt. Wäre er tolerant, er hätte dies nicht getan (...) Derart handelnd, hat dieser Diener für sich selbst eine private Göttlichkeit geschaffen und verurteilt jeden, der ihm nicht zustimmt, denn er ist unwissend. Hätte er die Bedeutung dessen verstanden, was Junaid von Bagdad gesagt hat: ›Die Farbe des Wassers ist die Farbe von dessen Behälter‹, würde er mit keinem anderen gestritten haben. Er wäre ein Gnostiker geworden, der die Überzeugungen und den Glauben eines jeden akzeptiert. Er würde die Offenbarung Gottes in jedem Bildnis gesehen und erkannt haben.

Der Mensch, der sich eine private Göttlichkeit vorstellt, hat nur eine Meinung; er ist weder ein Wissender noch ein Gnostiker. Deswegen sagte Gott: ›Ich bin der Mutmaßung Meines Dieners gemäß.‹ Die Bedeutung davon ist: In welcher Art Mein Diener von Mir denkt, dementsprechend werde Ich. Dies, sei es Absolutheit oder sei es Relativität.

Der Gott, für den Glauben unterschiedlicher Art genährt werden, ist bestimmt, begrenzt und abgezählt. Die Göttlichkeit, die in das Herz des Dieners passt, ist derart, das heißt: ein Antlitz der Offenbarung Gottes; und das ist nichts anderes als Göttlichkeit. Doch die Göttlichkeit, Die Absolut ist, verfügt über Majestät *(jalal);* und da gibt es nichts Weiteres zu finden, und Er passt nirgendwo hinein, nicht einmal ins Herz. Wie könnte Er passen, da Er das Gleiche wie alles ist? Es gibt keine andere Selbstheit, und Er ist sogar das Gleiche wie das Herz. Es ist nicht einmal erlaubt zu sagen, ob Er in Sein eigenes Sein passt oder ob Er das nicht tut. Denke die Angelegenheit dementsprechend und verstehe!«

* * *

Es ist notwendig, ein Beispiel anzuführen, damit das oben Erläuterte leicht verstanden werden kann. Würde eine Geliebte betrachtet und hunderttausend Spiegel um sie herum platziert, als wie viele Hunderttausend wäre diese Geliebte zu sehen? In Wirklichkeit aber ist sie nur eine. Trotzdem würde sie, entsprechend der Eignung eines jeden Einzelnen, in einigen dieser Spiegel brillant, in einigen traurig, in einigen anständig, in einigen unehrlich erscheinen. Folglich wäre ein Mann, der das Gesicht seiner Geliebten in einem Spiegel sähe und die anderen Spiegel leugnete, kein Gnostiker. Wer ein Gnostiker ist, anerkennt jeden. In welchem Spiegel er sie auch sieht, er bestätigt sie, und vielleicht sieht er sie sogar ohne einen Spiegel.

> Für wie viele hunderttausend Augen war dieses offensichtliche Bild sichtbar? Wieder begehrte Er nach Seiner eigenen Schönheit.

Es ist nicht nötig, dieses Beispiel weiter zu erklären. Wer Gnosis besitzt, kann, je länger er denkt und Vergnügen am Geschmack findet, ganz viele Beispiele finden.
Nehmen wir ein weiteres Beispiel. Bliebe ein Mensch an einem dunklen Ort, ohne das Licht der Sonne zu sehen, und würden dann eines Tages die Seiten dieses Ortes mit Glas vieler Formen und Farben geöffnet, würde, wenn der Tag kommt, jedes dieser Gläser von einem anderen Licht getroffen. Je nachdem, wo das Licht das eine oder andere Glas trifft, würde unterschiedlich gefärbtes Licht in den Raum fallen. Der Mensch würde dann argumentieren, dass das Licht der Sonne grün, rot und so weiter sei, und sich in Illusion und Bildnis verlieren. Der Gnostiker aber wird um die Wirklichkeit der Sache wissen und demgemäß entscheiden. Er weiß, dass die Farbe des Wassers die Farbe des Behälters ist, und er weiß, dass, was alles erleuchtet, das Licht Gottes ist. »Gott ist das

Licht der Erde und der Himmel« (Koran). Dies erklärt die Situation angemessen. Dem Gnostiker zufolge ist, was in den Spiegeln der beiden Universen gesehen wird, ein einziges Antlitz. Obwohl es derart ist, hat jeder Gnostiker eine einzige Vollständigkeit erlangt.

Einige Gnostiker sagen: »Schließlich gibt es nichts, worin ich nicht die Selbstheit Gottes erkenne.«

Und eine weitere Gruppe sagt: »Es gibt nichts, innerhalb dessen ich nicht die Selbstheit Gottes erkenne.«

Eine andere Gruppe sagt: »Vor allem anderen erkenne ich Ihn.«

Und noch eine Gruppe sagt: »Nur Gott.«

Eine bestimmte Gruppe von Gnostikern sagt: »Nur Gott erkennt Gott.«

In dieser Frage des Erkennens sind fünf Formen vorgekommen. Der Gnostiker entdeckt, nachdem er all diese fünf in sich vereinigt hat, dass fünf weitere Dinge geschehen, deren Erläuterung hier nicht angemessen ist; dies zu enthüllen ist sogar verboten. Lass den, der es herausfinden will, sich an den Saum einer Vollständigen Person hängen und sie fragen. Denn: »Wer nicht geschmeckt hat, kann nicht wissen«; das ist eine notwendige Bedingung. Der Rest kann nicht mit Schreiben erläutert werden.

So also ist es; und Friede. Gott ist der einzige Helfer.
Mit der Hilfe Gottes ist dies nun vollendet.

Die
Neunundzwanzig Seiten

Auszüge aus A.E. Affifis
The Mystical Philosophy of Muhyid Din Ibnul Arabi,
ausgewählt von Bulent Rauf

Für das Studium und das Verständnis
von esoterischem Wissen, wie es sehr umfassend
von Ibn Arabi übermittelt wurde, ist es nötig,
mit der Terminologie vertraut zu werden,
die er in seiner Darstellung des Weges des Mystikers
in dessen esoterischem Vorankommen
gebraucht.

Die Überschriften der ursprünglich unbetitelten 18 Kapitel entstammen der englischen Ausgabe *The Twenty-Nine Pages,* Beshara Publications, Roxburgh, Scotland, 1998.

Sein

IBN ARABI SCHAUT WIE AUS DER VOGELPERSPEKTIVE, VON oberhalb ihres Apex, auf eine Pyramide hinunter, statt die Pyramide vom Boden aus zu betrachten und zu ihrem Apex hinaufzuschauen. Der Ausgangspunkt von Ibn Arabis Denken ist das »Absolute Sein«.

Ibn Arabi gebraucht die Begriffe »Absolutes Sein« *(al-wujud al-mutlaq)* oder »Allumfassendes Sein« *(al-wujud al-kulli)*, um die Wirklichkeit zu bezeichnen, welche die Essenz von allem ist, was existiert.

Wirklichkeit ist letztlich Eins, und Sein (Existenz als ein Konzept) ist identisch mit der Einen Existierenden Wirklichkeit, die die Quelle von allem ist, was Existenz hat. Daraus ergibt sich, dass Absolute Existenz, die nichts anderes sein kann als ein ›universelles Konzept‹, und Absolute Wirklichkeit *(al-haqq al-mutlaq)* identisch sind.

Wirklichkeit (Sein) ist eins und eine Einheit, und Existenz ist eins und eine Einheit. Wirklichkeit, die das Absolute Sein ist, ist tatsächlich eins mit der Absoluten Existenz, obwohl sie im Denken getrennt werden können. Die Absolute Existenz ist die Quelle aller beschränkten Existenzen. Ibn Arabi sagt: »Wäre es nicht so, dass Gott mit Hilfe Seiner Form alle existenten Dinge durchdringt, die Welt hätte keine Existenz. Und genauso wären keine Aussagen *(ahkam)* über äußerliche Objekte möglich, gäbe es keine für den Intellekt erkennbaren universellen Realitäten.«

Der wirkliche Ursprung aller Wesenheiten ist das Absolute Sein, eine Wirklichkeit oder eine Wesenheit, deren Existenz identisch ist mit ihrer Essenz – eine Wesenheit, deren Existenz notwendig ist *(wajib al-wujud al-dhatihi)*. Diese Essenz ist ebenso alles Realisierte wie alle realisierbaren Dinge *(mahiyat)* in der äußeren Welt mit all ihren Eigenschaften und Zufälligkeiten, und auf diese Essenz mit ihrer Existenz und ihren Manifestationen stützt der menschliche Verstand oder Geist seine Vorstellungen von abstrakter Existenz.

Das Absolute Sein oder das Absolut Existierende oder die Absolute Wirklichkeit, die umfassend, unteilbar, universell und unendlich ist, ist der Ursprung von allem, was folgt.

Sein wird existent, wenn es vereinzelt wird, sei es als innere Entstehung einer Idee auf der Ebene des Absoluten Seins oder als eine Ausdehnung jenes Seins in der äußeren Manifestation. Wie wir sehen werden, ist in diesem Fall die Ausdehnung eine Ausdehnung ohne Ausdehnung; obwohl für unseren Zweck die Ausdehnung in die Manifestation hinein besser als ein In-der-Welt-Existentes betrachtet wird. Von allem, was Sein hat, kann man sagen, dass es Existenz hat, wenn es in diesem oder jenem der, wie er sie nennt, Universen *(awalam)* oder Stufen *(maratib)* von Sein manifestiert ist. Das Wort »Universum« *(alam)* wird in der esoterischen Sprache oft benutzt, um ein globales, unbegrenztes, grundlegendes System zu bezeichnen.

Wie wir anderswo noch sehen werden, nimmt man an, dass es 18 000 Universen gibt, obwohl ihre Zahl unendlich ist. Dieses Universum ist sowohl endlich wie unendlich, immanent wie spirituell, zeitlich wie ewig und vor allem sowohl existent als auch nicht-existent. Es existiert im Wissen Gottes als permanent und ewig und in der Erscheinungswelt als zeitlich und begrenzt. Was auf das Universum zutrifft, gilt auch für den Menschen. So wird das Universum manchmal der Große Mensch genannt und der Mensch das Kleine Universum.

Ibn Arabi gebraucht den Begriff »Nicht-Sein«, um Folgendes zu bezeichnen:

1. Dinge, die in keinem der Universen oder keiner Seinsstufe existieren – das reine Nicht-Existente *(al-udum al-mahd)*, worüber nichts weiter gesagt werden kann.

2. Dinge, die auf der einen, aber nicht auf einer anderen Ebene existieren, unter denen wir nennen können:

   a) Dinge, die nur als Ideen oder Konzepte in einem Verstand oder Geist existieren und nicht in der äußeren Welt existieren können, und

   b) Dinge, die möglicherweise oder sogar wahrscheinlich existieren, die aber nicht eigentlich in der äußeren Welt existieren.

Reines Nicht-Sein kann selbst nie ein Objekt unserer Gedanken sein, anderes Nicht-Existentes kann und ist es tatsächlich auch. Wenn wir uns einbilden, ein reines Nicht-Sein zu kennen, kennen wir tatsächlich nur sein Gegenteil (seinen logischen Widerspruch) oder den Grund für seine Nicht-Existenz.

Mit notwendigem Sein ist ein Sein gemeint, dessen Existenz durch sich selbst notwendig gemacht ist, das heißt, es existiert per se: Und dies ist Gott allein. Mögliches (oder kontingentes) Sein ist das, für dessen Existenz es keinen essentiellen oder notwendigen Grund gibt, dessen Sein oder Nicht-Sein also gleichermaßen möglich sind. Unmögliches Sein ist eines, dessen Nicht-Existenz aus formalen Gründen notwendig gemacht ist. Die Philosophen verneinen die Kategorie des Kontingenten, weil alles, was existiert, entweder in sich selbst notwendig sei oder durch ein anderes Sein notwendig gemacht werde, dessen Existenz in sich selbst notwendig sei *(wajib al-wujudi bi'l-ghayr)*. Ibn Arabi fügt indes hinzu: »Aber der Gnostiker *(arif)* lässt Kontingenz zu, kennt ihren wirklichen Platz und weiß, was das Kontingente bedeutet und warum es kontingent ist und dass es grundsätzlich identisch ist mit *wajib al-wujudi bi'l-ghayr*.« Er verneint sogar ausdrücklich die Existenz des Kontingenten per se und lässt nur zwei Kategorien zu: das Notwendige (wie oben erklärt) und das Unmögliche.

Das Eine und das Viele

NACH IBN ARABI GIBT ES NUR EINE WIRKLICHKEIT IN Existenz. Diese Wirklichkeit betrachten wir von zwei verschiedenen Seiten her. Einmal nennen wir sie das Wirkliche *(haqq)*, wenn wir sie als Essenz aller Phänomene betrachten, und einmal die Immanenz *(khalq)*, wenn wir sie als die manifestierten Phänomene dieser Essenz betrachten. *Haqq* und *khalq*, Wirklichkeit und Erscheinung, das Eine und das Viele sind nur zwei Namen für zwei subjektive Aspekte der Einen Wirklichkeit: Sie ist eine wirkliche Einheit, aber eine empirische Vielheit. Diese Wirklichkeit ist Gott. »Wenn du Ihn durch Ihn betrachtest,« sagt Ibn Arabi, »dann betrachtet Er Sich selbst durch Sich selbst, was der Zustand der Einheit ist. Wenn du Ihn aber durch dich betrachtest, verschwindet die Einheit.«

Das Eine ist überall als eine Essenz, und nirgends als die Universelle Essenz, die über und jenseits von allem Wo und Wie ist. »Einheit hat keine andere Bedeutung, als dass zwei (oder mehr) Dinge eigentlich identisch aber begrifflich voneinander unterscheidbar sind. So ist in einem gewissen Sinn das Eine das Andere, in einem anderen Sinn nicht.« »Vielfältigkeit entsteht aufgrund verschiedener Gesichtspunkte, nicht infolge einer eigentlichen Teilung in der Einen Essenz *(ayn)*.«

Ibn Arabis ganze Metaphysik beruht auf dieser Unterscheidung, und es gibt keinen einzigen Punkt in seinem System, wo sie nicht in der einen oder anderen Form zur Sprache gebracht wird.

Wegen unseres begrenzten Verstandes oder Geistes und unserer Unfähigkeit, das Ganze als Ganzes zu erfassen, betrachten wir es als eine Vielzahl von Wesenheiten, indem wir jeder einzelnen von ihnen Eigenschaften zuschreiben, die sie von den andern unterscheidet. Nur eine Person, die von der Vision eines Mystikers ergriffen ist, kann, so würde Ibn Arabi sagen, in einem supra-mentalen Zustand der Intuition die ganze Vielfalt der Formen transzendieren und die Realität ›sehen‹, die ihnen zugrunde liegt. Was das Eine zu vervielfältigen scheint, sind die Aussagen *(ahkam)*, die wir über äußere Objekte machen – die Tatsache, dass wir sie in Kategorien von Farbe, Größe, Aussehen und zeitlichen und räumlichen Bezügen und so weiter bringen. In sich selbst ist das Eine einfach und unteilbar.

Um es in theologischer Sprache auszudrücken, wie Ibn Arabi es manchmal tut, ist das Eine das Wirkliche oder Gott *(al-haqq)*, die Vielen sind erschaffene Wesen, die phänomenale Welt, *(al-khalq)*; das Eine ist der Herr, die Vielen sind die Diener; das Eine ist eine Einheit *(jam)*, die Vielen sind eine Mannigfaltigkeit *(farq)* und so weiter.

Nun können wir die offensichtlichen Paradoxa verstehen, in denen Ibn Arabi sich oft bewegt: »Der Erschaffer ist das Erschaffene« – »Ich bin Er, und Er ist Ich« – »Ich bin Er und nicht Er« – »*Haqq* ist *khalq*, und *khalq* ist *haqq*« – »*Haqq* ist nicht *khalq*, und *khalq* ist nicht *haqq*« und so weiter. An diesem relativen Begriff der beiden Aspekte der Wirklichkeit erklärt, sind diese Paradoxa nicht paradox. Es gibt eine vollkommene Reziprozität zwischen dem Einen und den Vielen, wie Ibn Arabi es versteht, und eine vollständige gegenseitige Abhängigkeit. Wie zwei logische Entsprechungen hat das eine ohne die anderen keine Bedeutung.

Die Beziehung zwischen dem Einen und dem Vielen wird von Ibn Arabi oft durch Metaphern erklärt, und es sollte die größte Sorgfalt darauf verwandt werden, sie richtig zu verstehen.

Die Metaphern »Spiegel« und »Bilder« sind eng verbunden mit denen vom Objekt und seinem Schatten. Das Eine wird als Objekt gesehen, dessen Bild in verschiedenen Spiegeln reflektiert wird. Die Bilder erscheinen in verschiedenen Formen und Gestalten, entsprechend der Natur des jeweiligen Spiegels *(locus)*. Das Viele (die phänomenale Welt) ist das Spiegelbild, der Schatten, des wirklichen Objekts dahinter. Die ganze Welt ist wie ein Schattenspiel. Er sagt: »Wir sind von der Leinwand, auf der die Objekte der phänomenalen Welt reflektiert werden, genügend weit entfernt, um zu glauben, dass das, was wir (auf der Leinwand) sehen, die ganze Wirklichkeit sei.« Um jede Implikation von Dualität auszuschließen, hält er entschieden fest, dass der Ursprung des Schattens und der Schatten eins sind.

Zu den Metaphern der »Durchdringung« und der »spirituellen Nahrung«: Das Viele durchdringt das Eine, wie Eigenschaften, zum Beispiel Farbe, Substanzen durchdringen. Andererseits durchdringt das Eine das Viele wie die Nahrung den Körper. Gott ist die uns erhaltende spirituelle Nahrung, weil Er unsere Essenz ist. Die phänomenale Welt ist auch Seine Nahrung, denn durch sie wird Er mit Attributen *(ahkam)* ausgestattet.

Ibn Arabi besteht darauf, dass das Spirituelle das Materielle überall regiert und kontrolliert: Die eine universelle Substanz wohnt in allem und regiert alles. »Die Vielen sind für das Eine wie ein Gefäß *(ina)* für Seine Essenz.« In Ibn Arabis System ist der Geist *materia* für die Materie. Das ganze Universum könnte Ein Universeller Geist *[spirit]* sein, der sogar einen höheren Grad an Einheit hat als der eines menschlichen Geistes oder Verstandes *[mind]*. Die endgültige Lösung des Problems bleibt Sache der supra-mentalen Intuition des Mystikers, die allein die Einheit als Einheit wahrnimmt.

Sollten wir an einer Unterscheidung zwischen dem Wirklichen und dem Phänomenalen *(haqq* und *khalq)* festhalten, die als Essenz und Form, Wirklichkeit und Erscheinung und so weiter erklärt wurden, so warnt uns Ibn Arabi davor, sogar gemäß seiner Lehre, vom einen zu behaupten, was vom anderen behauptet werden kann, außer in dem strengen Sinn, dass sie schließlich und essentiell als Eins *(haqq)* betrachtet werden. Die Eine Essenz transzendiert alle Formen und jegliche Eigenschaften.

Immanenz und Transzendenz

WIR HABEN SCHON GESEHEN, DASS NACH IBN ARABI DIE
Dualität zwischen *haqq* und *khalq* nicht eine wirkliche Dualität von Wesenheiten ist, sondern eine Dualität von unterscheidenden Aspekten, wie wir es nennen könnten. Unterscheidende Aspekte werden in seiner Philosophie mit dem identifiziert, was er Transzendenz und Immanenz nennt *(tanzih* und *tashbih).* Dabei soll Immanenz nicht so verstanden werden, dass Gott ein Gehör, eine Sicht oder Hände und so weiter habe, sondern dass Er in allem, was hört und sieht, immanent sei; und eben dies ist Seine Immanenz *(tashbih).* Andererseits ist Seine Essenz nicht auf ein Wesen oder eine Gruppe von Wesenheiten beschränkt, die hören und sehen, sondern wird in allen Wesen manifestiert. In diesem Sinn ist Gott transzendent, weil Er jenseits aller Begrenzung und Individualisierung ist. Als eine universelle Substanz ist Er die Essenz von allem, was ist. Damit reduziert Ibn Arabi *tanzih* und *tashbih* auf Absolutheit *(itlaq)* und Begrenztheit *(taqyid).*

Ibn Arabi lehnt Anthropomorphismus, Korporealismus und die christliche Lehre der Inkarnation *(hulul)* ausdrücklich ab. Zu behaupten, dass Christus Gott sei, sagt er, sei in dem Sinne wahr, dass alles andere Gott ist. Und zu sagen, Christus sei der Sohn von Maria, sei ebenfalls richtig. Aber zu sagen, Gott sei Christus, der Sohn Marias, sei falsch, da dies bedeute, dass Er Christus sei und nichts anderes. Gott ist du und ich und alles andere im Universum. Er ist alles, was wahrnehmbar und nicht wahrnehmbar ist, materiell und spirituell. Es ist Unglaube *(kufr),* zu behaupten, dass Er nur du oder ich oder Christus sei, oder Ihn in irgendeiner Weise zu begrenzen, und sei es auch nur in begrifflicher Form. Wenn ein Mensch sagt, er habe Gott in einem Traum in dieser oder jener Farbe, Größe oder Form gesehen, dann will er damit nur ausdrücken, dass Gott Sich ihm in einer Seiner unendlichen Formen enthüllt habe, denn Er enthüllt Sich in verständlichen und konkreten Formen. Was dieser Mensch also wirklich gesehen hat, ist eine Form Gottes, und nicht Gott selbst.

Nach Ibn Arabi sind Transzendenz und Immanenz zwei fundamentale Aspekte der Wirklichkeit, wie wir sie kennen. Keiner würde ohne den anderen zu einer vollständigen Darstellung der Wirklichkeit ausreichen. Weiter hält er fest, dass der Islam die einzige Religion sei, die beide Aspekte gleichrangig zur Geltung bringe. Die Wirklichkeit *(haqq),* von der Transzendenz behauptet wird, ist dasselbe wie die Erscheinung *(khalq)*, von der Immanenz behauptet wird, auch wenn (logisch gesehen) der Schöpfer vom Erschaffenen unterschieden wird.

Obwohl Ibn Arabi sagt, dass alles und alle Dinge Gott seien (immanenter Aspekt), hütet er sich davor, das Umgekehrte zu sagen. Gott ist die Einheit hinter der Vielfalt und die Wirklichkeit hinter der Erscheinung (transzendentaler Aspekt). Er sagt, dass es nicht die von Menschen geltend gemachte Transzendenz sei, die die wirkliche Natur von Gott als dem Absoluten erkläre. Sogar die abstrakte Transzendenz (vom Menschen ersonnen) ist eine Form von Beschränkung, weil sie zumindest die Existenz eines Behauptenden neben Gott impliziere. Ferner bedeutet jede Behauptung über irgendetwas, dass man es beschränkt. Deshalb ist sogar die Feststellung der absoluten Transzendenz Gottes eine Einschränkung. Die vom Intellekt gemachte Behauptung der Transzendenz Gottes ist nur eine bequeme Art, die zwei Aspekte der Wirklichkeit, wie wir sie verstehen, einander gegenüberzustellen; doch sie erklärt nicht deren Natur.

Tawhid (Einswerdung, die äquivalent ist mit Ibn Arabis »Transzendenz«) gehört zum *muwahhid* (dem Vereiniger), nicht zu Gott, da Er jenseits aller Erklärung ist. Niemand außer Gott selbst kennt Seinen wirklichen transzendenten Aspekt. Der vollkommene Sufi mag in seinem ekstatischen Flug eine Ahnung von dieser Einheit bekommen, nicht durch den Intellekt, sondern mittels einer supramentalen Intuition, die nur zu einem solchen Zustand gehört. Diese höhere Form von Transzendenz ist unabhängig von jeder Erklärung. Sie gehört zur Göttlichen Essenz per se und a se und ist das, was Ibn Arabi die Transzendenz der Einheit nennt *(tanzih al-tawhid)*. Die absolute Einheit und Einfachheit der Göttlichen Essenz ist nur der Göttlichen Essenz bekannt. Da gibt es keine Dualität von Subjekt und Objekt, von Erkennendem und Erkanntem.

Gott ist in allen Dingen und doch über allen Dingen, was mehr eine Beschreibung als eine Definition ist. Aber sogar eine solche Definition (oder Beschreibung), betont Ibn Arabi, enthalte Definitionen aller Dinge, seien sie tatsächlich oder potenziell, physisch oder spirituell; und da ein vollständiges Wissen von allem für den Menschen nicht möglich sei, sei auch eine vollständige Definition von Gott unmöglich.

Ibn Arabi folgert, dass die so genannten Attribute der Transzendenz *(sifat al-tanzih)* von der Gottheit *(al-haqq)* behauptet werden sollen, und nicht von der Essenz, denn die Essenz in ihrer reinen Abstraktion sei ohne Attribut. Die Attribute der Transzendenz werden in dem zusammengefasst, was er Absolutheit *(itlaq)* nennt im Gegensatz zur Beschränktheit *(taqyid)* der phänomenalen Welt. Für die Göttliche Essenz, wie sie oben erklärt ist, verwendet Ibn Arabi manchmal das Pronomen »Er«, denn die Essenz allein ist das absolut Ungesehene *(ghayb)*.

Also sagt Ibn Arabi, dass wir zwei grundsätzlich verschiedene Arten der Transzendenz unterscheiden müssen:

1. Jene, die per se und a se zur Göttlichen Essenz gehört, die absolute Einfachheit und Einheit des Einen, der Zustand der Einheit *(ahadiyah)*.

2. Transzendenz, die durch den Intellekt erklärt wird, die immer mit Immanenz verbunden werden muss und folgende Formen annehmen kann:

    a) Gott kann transzendent genannt werden im Sinne von absolut sein oder

    b) Er kann transzendent genannt werden in dem Sinn, dass Er ein notwendiges Wesen ist, selbst-erzeugt, selbst-verursacht und so weiter, im Gegensatz zu den kontingenten, erschaffenen, verursachten Wesen der phänomenalen Welt, oder

    c) Er kann transzendent genannt werden in dem Sinn, dass Er unerkennbar, nicht mitteilbar und jenseits jeden Beweises ist.

Die zweite Art verwirft Ibn Arabi, wenn sie für sich selbst (das heißt ohne Immanenz) als Erklärung der ganzen Wahrheit über die Wirklichkeit ausgesagt wird. Die Wirklichkeit, wie Ibn Arabi sie versteht, hat beide Aspekte, Transzendenz und Immanenz.

Kausalität

»DIE BEWEGUNG DER SCHÖPFUNG DER WELT IST FÜR DEN Intellekt erkennbar«, sagt Ibn Arabi. Zieht man dies in Betracht, sind ›Ursache‹ und ›Wirkung‹ nur Benennungen, zwei subjektive Kategorien.

Da es nur eine Wirklichkeit gibt, die in einem Aspekt als Ursache und in einem anderen als Wirkung wahrgenommen wird, sind Ursache und Wirkung identisch und jede Ursache ist eine Wirkung ihrer eigenen Wirkung – eine Schlussfolgerung, die nach Ibn Arabi vom bloßen Intellekt für unmöglich erklärt würde, die aber gemäß der mystischen Intuition eine Erklärung dessen sei, was tatsächlich ist. Die Frage wird vom Mystiker wie folgt verstanden: Weil jede Ursache sowohl eine Essenz wie eine Form ist, ist sie auch Ursache und Wirkung, ein Handelndes und Empfangendes. Und jede Wirkung, die auch eine Essenz und eine Form ist, ist ebenso Ursache und Wirkung, Handelndes und Empfangendes. Und da die Wirklichkeit eins ist, einmal als Essenz und einmal als Form betrachtet, ist sie gleichzeitig sowohl Ursache wie auch Wirkung; und alles, was Ursache genannt wird, sobald es in eine kausale Beziehung mit etwas anderem tritt, das Wirkung genannt wird, ist gleichzeitig eine Wirkung seiner eigenen Wirkung, weil jene Wirkung (Kraft ihrer Essenz) eine Ursache ist. Dies bedeutet, dass Gott, Der die einzige Ursache ist, sowohl in Ursache wie in Wirkung immanent ist; und somit ist belanglos, ob wir eine bestimmte Ursache die Ursache einer bestimmten Wirkung nennen oder eine Wirkung dieser Wirkung (Letztere selbst als Ursache betrachtet).

Nach Ibn Arabi sind alle Veränderungen in der phänomenalen Welt, ja alles, was er Schöpfung nennt, nichts als ›Werden‹. Er verneint, dass die Beziehung zwischen Gott und dem Universum eine bedingte Beziehung sei, weil eine Bedingung *(shart)* nicht notwendig die Existenz des Dinges nach sich ziehe, für das es eine Bedingung sei. Für ihn ist die Existenz des Universums *eine notwendige Folge* der Existenz eines notwendigen Wesens. Er argumentiert, dass zu leben wohl eine Bedingung sei für die Fähigkeit, Wissen zu erwerben, und Beine zu haben eine Bedingung für die Fähigkeit zu gehen; aber die Existenz von Leben bringe nicht notwendigerweise jene von Wissen mit sich und die Existenz von Beinen nicht unbedingt Gehen. Wir können nie sagen, dass das Bedingte existieren muss, obwohl wir sagen, dass, wenn es existiert, auch seine Bedingung existieren muss.

Aber, sagt Ibn Arabi, im Gegensatz zu einer Bedingung bringt eine Ursache die Existenz ihrer eigenen Wirkung mit sich. Das Universum wird von den Ashanten und den frühen Philosophen als eine nötige Konsequenz einer bestimmten Ursache betrachtet. Ibn Arabi stimmt mit ihnen überein, soweit wir sagen können, dass das Göttliche Wissen Gottes (nach den Ashariten) oder der Essenz (nach den Philosophen) die Ursache des Universums sei, wenn und nur wenn dies nicht eine *zeitliche* Priorität Gottes vor dem Universum impliziere. Es sei sinnlos, über ein zeitliches Intervall zu reden oder über eine Kluft zwischen dem Einen und dem Vielen oder Gott und dem Universum oder dem Nötigen und dem Kontingenten, wenn Notwendigkeit und Kontingenz lediglich als zwei Aspekte des Einen betrachtet werden (wie er es tut). Wenn wir überhaupt sagen müssen, dass das Universum verursacht oder geschaffen sei, dann dürfe das nicht in dem Sinn verstanden werden, dass das Universum in der Zeit oder aus dem Nichts seinen Ursprung habe oder erschaffen sei. Ibn Arabi lässt keine *creatio ex nihilo* gelten.

Die Welt war zu keiner Zeit ein Nicht-Existierendes und wurde dann ein Existierendes. Das Universum ist ewig, unendlich und immerwährend, weil es der äußere Ausdruck des einzigen, unendlichen und immerwährenden Einen ist. Er sagt: »Das Ende der Welt ist etwas Unrealisierbares – auch hat die Welt kein letztes Ziel. Die so genannte nächste Welt ist etwas, das fortwährend im Entstehen ist. Was die Menschen diese und die nächste Welt nennen, sind nur Namen für den immer neuen Prozess der Schöpfung, der ein kontinuierlicher Prozess von Vernichtung und Wiedererschaffung ist. Da ist nie ein Intervall in der Zeit. Wir können nicht sagen, dass irgendetwas nicht war und dann *(thumma)* war. »Dann« *(thumma)* bedeutet nicht ein Zeitintervall, sondern weist auf die logische Priorität der Ursache gegenüber ihrer Wirkung hin. Ibn Rushd (Averroes), Ibn Arabis Zeitgenosse und Landsmann, erklärt die Schöpfung als »in jedem Moment erneuerte Existenz in einer sich ständig ändernden Welt, die ihre neue Form immer aus der vorangehenden nimmt«. Das Universum als Ganzes ist ein großes kontingente Wesen. Weder das Universum noch etwas in ihm haben eine erworbene Existenz in dem Sinne, dass sie aus nichts erschaffen worden wären. Erworbene Existenz ist eine mentale Fiktion. Was die Dinge erwerben, sind die Aussagen *(ahkam)* von äußerer Existenz.

Jedes Ding ist ein ewig Existierendes in seinem Zustand der Latenz *(thubut)* und ein zeitlich Existierendes in seiner Manifestation in der äußeren Welt *(zahir)*. Er sagt weiter, dass wir, wenn wir sagen, ein Objekt sei erschaffen oder in seiner Existenz verursacht, nicht mehr damit meinen, als wenn wir sagten, dass »ein Mann heute in unserem Haus aufgetaucht ist«, was nicht impliziert, dass er keine vorherige Existenz gehabt habe, bevor er in unser Haus kam. Er sagt, dass Gott nichts erschafft. Schöpfung (*takwin*, was nach ihm das In-konkrete-Manifestation-Kommen einer bereits existierenden Substanz bedeutet) gehört zum Ding selbst. »Es kommt ins Sein« heißt, dass es sich aus eigenem Antrieb manifestiert. Das einzige, was Gott in dieser Angelegenheit tut, ist *zu wollen,* dass ein Ding *sei* (konkret manifestiert); und Gott will nichts und befiehlt nichts, dessen Existenz nicht durch die Natur und Gesetze der Dinge *selbst* notwendig gemacht wird. Wäre es nicht in der Natur einer Sache, im Augenblick von Gottes Befehl *zu sein,* sie würde nie sein. Und Gott würde es auch nicht ins Sein befehlen. So bringt also nichts etwas in die Existenz (das heißt macht seine Existenz manifest) außer es selbst.

Er erklärt ›Kausalität‹ mit zwei Triaden, die einander entsprechen, wobei die eine einen Aspekt der Wirklichkeit ausdrückt (Gott), die andere den anderen Aspekt (die phänomenale Welt). Die erste Triade steht für Gott als Trinität von Essenz, Wille und Wort, die zweite steht für die phänomenale Welt, auch eine Trinität, von Essenzen, die durch Gehorsam und Hören charakterisiert sind.

In diesem und nur in diesem Sinn betrachtet Ibn Arabi das Universum als erschaffen oder verursacht – in diesem Sinn nennt er es auch ewig. Aber es bleibt die grundsätzliche Aussage, dass Ibn Arabi die Ewigkeit der Welt in einem bestimmten Sinn verneint, nämlich in dem, dass sie mit-ewig mit Gott in der Form sei, in der wir sie kennen. Was mit Gott mit-ewig ist oder was Gott selbst ist, ist die Essenz der Welt, nicht die Form. Er sagt: »Gott bestimmt Dinge in Ewigkeit vorher, aber Er bringt sie nicht in die Existenz (das heißt in Ewigkeit). Oder was für ein Sinn liegt darin, Ihn Schöpfer zu nennen, wenn die erschaffenen Dinge mit-ewig sind? In diesem Sinn nennt er das Universum entstanden *(hadith),* kontingent und nicht-seiend; und er fügt bei, dass es das immer sei und immer sein werde.

Er folgert, dass es müßig sei zu fragen, wann die Welt erschaffen worden sei. »Wann« beziehe sich auf die Zeit, und diese wurde immer als ein Produkt der phänomenalen Welt selbst betrachtet. Es gibt keine zeitliche Abfolge zwischen Schöpfer und Erschaffenem, doch es gibt eine logische Folge von ›vorher‹ und ›nachher‹, keine zeitliche. Ibn Arabi fügt hinzu, dass die Beziehung zwischen Gott und Universum analog jener zwischen Gestern und Heute sei. »Wir können nicht sagen, dass das Gestern dem Heute zeitlich vorangehe, weil es sich um die Zeit selbst handelt. Die Nicht-Existenz der Welt war nie zu irgendeiner Zeit.

Die Göttlichen Namen

IBN ARABI BENENNT DIE GÖTTLICHEN NAMEN ALS UR-sache für das Universum. Er betrachtet sie als Kraftlinien. Als Namen der Gottheit verlangen sie aus ihrer Natur heraus nach ihren logischen Entsprechungen, die nur in einer äußeren Manifestation in der äußeren Welt gefunden werden können. Der Wissende verlangt zum Beispiel nach etwas Gewusstem, der Schöpfer nach etwas Geschaffenem und so weiter. Außerdem spricht Ibn Arabi von ihnen als instrumentellen Ursachen (wie Werkzeugen), die Gott in allen schöpferischen Aktivitäten in der Welt benutzt. Unser Wissen der Göttlichen Namen und ihrer hierarchischen Ordnung, ihrer Einteilung in Hauptsächliche und Untergeordnete, sagt er, sei der Schlüssel zu unserer Kenntnis der Kategorien, die in den spirituellen und physischen Welten manifestiert seien. In allem, wie komplex es auch sei, entsprechen jeder Aspekt *(wajh)* und jede Wirklichkeit *(haqiqah)* einem Göttlichen Namen und verdanken diesem die eigene Existenz, der für diesen Aspekt oder diese Wirklichkeit wie ein Prototyp ist. Damit wiederholt Ibn Arabi nur in einer anderen Weise, was er über die phänomenale Welt sagt, die die Attribute darstelle, mit denen Gott beschrieben werde. »Gott war, während die Welt nicht war, und Er wurde benannt durch all die Göttlichen Namen.«

Die Göttliche Essenz ist die Eine Universelle Substanz, also die Absolute Wirklichkeit. Ein Göttlicher Name ist die Göttliche Essenz im einen oder anderen ihrer unendlichen Aspekte, eine festgelegte ›Form‹ der Göttlichen Essenz. Ein Attribut ist ein in der

DIE NEUNUNDZWANZIG SEITEN

äußeren Welt manifestierter Göttlicher Name. Ibn Arabi nennt es ein »Theater der Manifestation« für die Göttliche Substanz, auf dass sie sich in verschiedenen Stufen *(maratib)* manifestieren könne. In ihrer absoluten Unbestimmtheit ist die Göttliche Essenz ein »Ding in sich selbst«. Sie ist unteilbar, unabhängig und unveränderlich. Sie ist nicht eine Substanz, sondern die Eine Substanz, die in sich selbst alle Substanz umfasst, so genannt materiell und nicht-materiell. Was vergänglich, teilbar und veränderlich ist, sind die ›Akzidenzien‹, die ›Formen‹, die Manifestationen. Nach Ibn Arabi haben die Attribute losgelöst von der Göttlichen Essenz keine Bedeutung.

Als Formen und Partikularisierungen der Göttlichen Essenz sind die Göttlichen Namen eine Vielheit, und jeder von ihnen besitzt einzigartige Eigenschaften, wodurch er vom anderen unterscheidbar ist. Doch im Wesentlichen sind sie identisch mit der Einen Essenz und miteinander.

Die Wirklichkeit, die in Ibn Arabis Lehre im Grunde eins und unteilbar ist, scheint in Bezug auf unser Wissen von drei verschiedenen Gesichtspunkten aus betrachtet zu werden:

1. Die Wirklichkeit, wie wir sie kennen, das heißt die Wirklichkeit, wie sie in der äußeren Welt manifestiert ist.

Als solche ist sie den Beschränkungen unserer Sinne und unseres Intellekts unterworfen. Wir kennen sie als eine Vielheit von Existierendem, und wir behaupten von ihr Beziehungen aller Art kausaler oder anderer Natur. Das nennt Ibn Arabi die phänomenale Welt, ›Erscheinung‹ und ›Nicht-Sein‹ und so weiter. Doch obwohl eine offensichtliche Vielheit, ist die phänomenale Welt eine essentielle Einheit, von der jeder Teil das Ganze ist und fähig, alle Wirklichkeiten des Ganzen zu manifestieren.

2. Die Wirklichkeit, von der wir direkt nichts wissen oder wahrnehmen, außer durch mystische Intuition, deren Existenz wir aber logisch ableiten (indem wir unserer Vernunft folgen).

Dieser, daran hält Ibn Arabi fest, schreiben wir Eigenschaften zu, die nur für ein Notwendiges Sein charakteristisch sind, was er Gott in einem theistischen Sinn nennt – Gott als »erschaffen in unseren Glaubenssystemen«. Dies ist nur ein fiktiver und subjektiver Gott, und unser Konzept von ihm variiert je nach Individuum oder Gemeinschaft. Nach Ibn Arabi aber ist jedes Konzept polytheistisch, das Gott Seiner Absolutheit und Universalität beraubt oder Seine Einheit in irgendeiner Weise unvollständig macht, indem die Wirklichkeit einer anderen Gottheit oder sogar der phänomenalen Welt zugelassen wird. Ein vollständiges Konzept von Gott muss daher die beiden Aspekte der Wirklichkeit (Immanenz und Transzendenz) umfassen, das heißt Gott als sowohl in wie über dem Universum seiend. Dies ist der Ausgangspunkt in Ibn Arabis Philosophie der Religion, wie wir auch später sehen werden.

Wir seien gezwungen, dies zu tun, fährt er fort, weil die Eigenschaften, die wir der phänomenalen Welt zuschreiben, nach ihrer logischen Entsprechung verlangen: Kontingenz verlangt nach Notwendigkeit, Relativität nach Absolutheit, Endlichkeit nach Unendlichkeit und so weiter. Diese logischen Entsprechungen können nur auf eine so konzipierte Wirklichkeit angewandt werden. »Der Schlüssel zum Geheimnis der ›Herrschaft‹ bist du (das Phänomenale).« Der grundsätzliche Unterschied zwischen der Auffassung von Realität als (1) und als (2) ist, dass in (1) die transzendentalen Attribute Gottes *(sifat al-tanzih)*, welche die logischen Entsprechungen der immanenten Attribute *(sifat al-tashbi)* sind, keine Anwendung finden. Attribute, die irgendeine Beziehung zwischen Gott und dem Universum ausdrücken (im orthodoxen Sinn), werden von Ibn Arabi wegerklärt, so dass tatsächlich nur zwei Typen von Attributen bleiben: transzendente, die für Gott charakteristisch sind, und immanente, die für die phänomenale Welt charakteristisch sind. Jeder Typ erklärt einen Aspekt der Wirklichkeit. Daher dürfen wir über Gott keine Aussagen wie »grün« oder »kreisförmig« oder »hörend« oder »sehend« und so weiter machen, obwohl Seine Essenz die Essenz von allem ist, was grün, kreisförmig, hörend und sehend ist.

Was Ibn Arabi meint, wenn er sagt, dass »wir selbst (die phänomenale Welt eingeschlossen) die Attribute sind, mit denen wir Gott beschreiben«, und »es keinen einzigen Namen und kein einziges Attribut, womit Er charakterisiert wird, gibt, dessen Bedeutung oder Geist nicht in der phänomenalen Welt gefunden wird«, ist einerseits, dass die phänomenale Welt einzigartige Eigenschaften hat, die Gottes immanente Seite erklären, und andererseits, dass wir durch diese Eigenschaften formal dazu geführt werden, Ihm Attribute zuzuschreiben, die Seine transzendente Seite erklären. Wenn man dagegen die Wirklichkeit als Essenz von allem betrachtet, können alle Attribute, transzendent wie immanent, darüber ausgesagt werden. Ibn Arabi sagt: »Er, möge Er erhöht werden, ist (tatsächlich) benannt durch alle Namen der Dinge der phänomenalen Welt«; »Höchste Ehre Ihm, Der ›gemeint‹ ist mit all den Attributen der Gottheit und der erschaffenen Dinge«; »Unsere Namen sind Seine Namen«; »Er wird Abu Said al-Kharraz genannt« und so weiter.

3. Die Wirklichkeit, wie wir sie nicht direkt kennen oder wahrnehmen, die wir aber unserer Vernunft folgend logisch ableiten können, wie wir die Existenz einer Substanz ableiten können, wenn wir ihre Akzidenzien wahrnehmen.

Dies ist die Göttliche Essenz, über die wir, außer reiner Existenz, nichts aussagen können. Sie ist unkennbar und unkommunizierbar, wenn sie abstrakt betrachtet wird, und ohne irgendwelche Beziehung oder Einschränkung. Sie ist letztlich undefinierbar und kann wie eine Substanz nur in Begriffen ihrer ›Zustände‹ beschrieben werden, die in diesem Fall die phänomenale Welt sind. Ihre Natur lässt weder Opposition noch Widerspruch *(dzidd)* oder Vergleich *(mithl)* zu, und doch vereinigt sie in sich selbst alle Gegensätze und Ähnlichkeiten. Sie hat keine Qualitäten oder Quantitäten, und doch ist sie die Quelle aller Qualitäten und Quantitäten. Sie wird im Allgemeinen als das »Reine Licht« oder das »Reine Gute« oder die »Blindheit« *(al-ama)* beschrieben.

Dies ist der Zustand der Einzigkeit *(ahadiyah)*, der keinerlei Vielheit zulässt, die Einheit, die die Gesamtsumme aller Potenzialitäten ist. Als Solches ist dies nicht Gegenstand der Anbetung. Objekt der Anbetung ist der Herr *(ar-rabb)*, nicht der Einzige *(al-ahad)*. Aber solche Einheit wird durch den Intellekt erkennbar, wenn wir erst einmal den anderen Aspekt zugeben, den der Vielheit, denn in sich selbst transzendiert sie alle Vielheit. Es ist der Zustand des »Einen, Dem die glühenden Herrlichkeiten eigen sind *(al-subuhat al-muhriqa)*«. Das ist der Eine, Dessen Manifestation all die Vielfalt von Phänomenen zum Verschwinden bringen würde, so dass nichts außer dem Wirklichen übrig bliebe. Er sagt: »Der Schleier der Einheit wird nie weggenommen werden. Beschränkt daher eure Hoffnung auf das Erlangen (der Kenntnis) des Einsseins *(al-wahidiyah)*, das heißt der Einheit der Göttlichen Namen.« Niemand kennt Gott, wie Er wirklich ist (das heißt Seine Essenz), außer Gott, nicht einmal der Mystiker, denn ein Mystiker gehört zur Vielheit.

Ibn Arabi identifiziert die Göttlichen Namen manchmal mit dem, was er »Göttliche Präsenzen *(hadarat)*« nennt, und benutzt dabei den Begriff *hadarat* in einem anderen Sinn als dem, der im Zusammenhang mit den fünf Göttlichen *hadarat* (den fünf Ebenen des Seins) verwandt wird. Er zählt nur einige davon auf, denn nach ihm sind sie in ihrer Zahl unbegrenzt. Die »Präsenz der Gottheit« *(al-hadarah al-ilahiyah)* zum Beispiel ist der Zustand, in dem Gott als Allah offenbart wird; die »Präsenz des Gnadenreichen« ist der, in dem Er als der Gnadenreiche offenbart wird, und so weiter.

Die einzige Unterscheidung, die Ibn Arabi zwischen dem Einen und dem Vielen macht oder zwischen Gott und der phänomenalen Welt, was bereits erklärt wurde, wird auf andere Art durch das ausgedrückt, was er die zwei Aspekte der Göttlichen Namen nennt. Als Einheit betrachtet und als im Wesentlichen eins mit der Göttlichen Essenz, werden die Namen als »aktiv« bezeichnet in dem Sinn, dass jeder Name die eine oder andere der unbegrenzten Aktivitätslinien des Einen bezeichnet. Als in der äußeren Welt manifestierte Vielheit, das heißt als die äußere Welt selbst betrachtet (denn die äußere Welt ist nichts anderes als die Göttlichen Namen), sind sie passiv und rezeptiv. Den ersten Aspekt nennt er »Gesichtspunkt des Wirklichen« *(tahaqquq)*, den zweiten »Gesichtspunkt des Erschaffenen« *(takhalluq);* und die Beziehung zwischen den beiden, durch welche die eigentliche Manifestation bewirkt wird, wird *ta-alluq* genannt. Die Göttlichen Namen sind auch aktiv, wenn man sie in Relation zu den feststehenden Potenzialitäten *(ayan ath-thabitah)* betrachtet; denn diese sind nichts anderes als die phänomenale Welt in Latenz, und die *ayan ath-thabitah* ihrerseits sind aktiv in Beziehung auf die äußere Welt. Es ist eine Hierarchie von höher und niedriger, wobei das Höhere aktiv ist in Bezug auf das Niedrigere und passiv in Bezug auf das Höhere.

Es gibt nur Eine Wirklichkeit, und wie man sie auch (gedanklich) vervielfacht oder zu erfassen versucht, einmal als Vielheit von

Existierendem, dann wieder als die Eine Essenz, die durch unzählbare Attribute und Namen gekennzeichnet ist, sie bleibt doch in sich selbst unbegreiflich und unveränderlich. All unser Wissen von ihr ist subjektiv und leer. Es gibt keine Vielheit, nicht einmal von Attributen oder Namen, keine Passivität oder Aktivität. Dies sind Begriffe, die wir geprägt und passend gefunden haben, das auszudrücken, was wir unter Wirklichkeit zu verstehen gewählt haben.

Die latente Realität der Dinge

IBN ARABI WAR DER ERSTE, DER DEN BEGRIFF AYAN ATH-*thabitah* – den man mit »feste Prototypen« übersetzen könnte oder mit »latente Realität von Dingen« oder »feststehende Potenzialitäten« – in einem mehr oder weniger festgelegten Sinn verwendet hat und ihm einen prominenten Platz in einem metaphysischen System einräumte.

Bevor sie in konkrete Existenz kamen, waren die Dinge der phänomenalen Welt in einem Zustand der Potenzialität in der Göttlichen Essenz und waren, wie Ideen Seines zukünftigen ›Werdens‹, der Inhalt Seines ewigen Wissens, das identisch ist mit Seinem Wissen von Sich selbst. Gott offenbarte Sich Sich selbst in einem Zustand des Selbstbewusstseins (nicht zu irgendeinem Punkt der Zeit) in dem, was Ibn Arabi »Gottes Erste Epiphanie oder Partikularisierung« *(al-ta ayan al-awwal)* nennt, in der Er in Sich und für Sich selbst eine Unendlichkeit dieser *ayan* als festgelegte ›Formen‹ Seiner eigenen Essenz sah, Formen, die Seine eigenen ewigen Ideen von diesen spiegelten und ihnen bis ins Detail entsprachen.

Diese ›Formen‹ sind das, was Ibn Arabi *ayan ath-thabitah* nennt. Wir können sie daher als die sowohl in Gottes Geist als auch in Seiner Essenz latenten Zustände Seines zukünftigen ›Werdens‹ bezeichnen, die nur in Beziehung auf die Göttlichen Namen und alle möglichen Relationen, die zwischen ihnen bestehen, ausgedrückt werden können. Die zweifache Natur dieser *ayan,* also einerseits durch den Intellekt erkennbare Ideen oder Konzepte im Geist Gottes und andererseits spezifische ›Modi‹ der Göttlichen Essenz, wird dadurch erklärt, dass Ibn Arabi und seine Schule die Begriffe *mahiyah* und *huwiyah* äquivalent zum Begriff *ayan ath-thabitah* verwenden. Der Eine *(mahiyah)* erklärt den ersten Aspekt der *ayan*, nämlich dass es eine Idee oder ein Konzept, der Andere *(huwiyah)* den zweiten, dass es ein essentieller ›Modus‹ sei.

Weder können wir sagen, dass diese *ayan*, diese potenziellen ›Modi‹ der Essenz, etwas anderes als die Essenz seien oder eine von ihr getrennte Existenz haben könnten, noch, dass unsere eigenen Geisteszustände etwas anderes als unser Geist oder Verstand seien oder eine von ihm getrennte Existenz hätten. Tatsächlich gilt dies für die Zustände irgendeiner Substanz. Im Denken hingegen können wir zwischen der Essenz und den *ayan*, oder dem Geist oder Verstand und seinen Zuständen unterscheiden und diese als getrennt denken. Die *ayan ath-thabitah* sind in Wirklichkeit eins mit der Göttlichen Essenz und dem Göttlichen Bewusstsein. Doch als ›Zustände‹ oder ›Modi‹ sind sie ebenso wenig Göttliche Essenz, wie unsere Geisteszustände unser Geist oder Verstand sind.

Ibn Arabi nennt sie nicht in dem Sinn nicht-existent, dass sie keinerlei Wirklichkeit oder Sein hätten, sondern in dem Sinn, dass sie keine äußere Existenz oder irgendeine Existenz getrennt von der Essenz haben, von der sie Zustände sind. »Lasst es uns so verstehen«, sagt Ibn Arabi, »dass die *ayan ath-thabitah* die Bilder der Göttlichen Namen und Qualitäten und der ›Dinge‹ der Selbstheit in der Gegenwart des Wissens der Selbstheit sind, in deren Bild die Göttliche Essenz in der Gegenwart des Wissens mit spezifischer Individuation vereinzelt und enthüllt wird. Sie sind entsprechend der Nicht-Existenz eingerichtet und sind nicht durch Existenz qualifiziert.« *Es gibt nur eine Wirklichkeit und eine nicht-existierende subjektive Vielheit sowie nicht-existierende subjektive Beziehungen, die das Eine begrenzen und bestimmen.*

Die *ayan ath-thabitah* sind, was Ibn Arabi die logischen Entsprechungen *(muqtadayat)* der Göttlichen Namen nennt. Sie sind aber auch potenzielle Essenz. Ein interessanter Abschnitt aus seinem *Futuhat al-Makkiyah* erklärt seine Sicht dieser Sache: »Ist das,« fragt er, »was wir existierend nennen und mit unseren Sinnen wahrnehmen, das *ayn ath-thabitah* [Singular von *ayan ath-thabitah*] ›transferiert‹ von einem Zustand der Nicht-Existenz in einen Zustand der Existenz? Oder ist es nur seine subjektive Bestimmung *(hukm)*, in eine durch den Intellekt erkennbare Beziehung gebracht mit dem *ayn* des Wirklichen Seins (Gott) – wie die Beziehung eines Spiegelbildes zum Spiegel –, während das so genannte Ding selbst (das äußere Objekt) ein Nicht-Existierendes ist, wie es das in seinem Zustand der Latenz immer war? [Wenn das Zweite der Fall ist], müssen die *ayan* von kontingenten Wesen sich gegenseitig nur in und durch das *ayn* des Spiegels des Wirklichen Seins wahrnehmen. Dabei bleiben die *ayan ath-thabitah* (diese festgelegten Prototypen), wie sie immer waren: in einem Zustand der Nicht-Existenz.«

»Oder ist es so«, fährt er fort, »dass Gott Sein Wesen in (den Formen von) diesen *ayan* manifestiert, die für Ihn wie Theater sind, so dass jedes *ayn* das andere wahrnimmt, wenn Gott Sich in diesem anderen manifestiert? Eine Tatsache, die normalerweise beschrieben wird als ein Ding, das Existenz erworben hat *(istafad al-wujud),* was aber nichts anderes ist als die Manifestation oder Erscheinung Gottes in der Form jener Sache. Diese [zweite Erklärung] ist in einer Hinsicht der Wahrheit näher, die andere ist der Wahrheit in anderer Hinsicht näher; aber in beiden Fällen ist das *ayn ath-thabitah* der zur Debatte stehenden Sache ein Nicht-Existierendes (äußerlich) und bleibt immer noch in seinem Zustand der Latenz.«

Als Potenzialitäten und als verstandesmäßig erkennbare Ideen im Geist Gottes sind sie gewiss nur Subjektivitäten, aber als Essenzen sind sie alles, was ist, da sie die Göttliche Essenz selbst, als vereinzelt und bestimmt, sind. Er sagt, Gott habe Sich selbst in der »Höchst Heiligen Emanation« *(al-fayd al-aqdas)* in den Formen dieser *ayan* offenbart. Die Höchst Heilige Emanation, mit der wir uns später eingehender werden beschäftigen müssen, ist ein kontinuierlicher Prozess – soweit sie keinen Anfang hat und nie ein Ende haben wird; und Potenzialitäten in der Einen Essenz werden fortwährend und unaufhörlich Aktualitäten, ohne irgendwelche zeitliche Verschiebung, und sie werden für immer fortfahren, dies zu tun.

Das Göttliche Bewusstsein umfasst alle mit dem Verstand erkennbaren Formen der *ayan*, die Essenz alle ihre potenziellen Essenzen. Ibn Arabi nennt diese Essenzen oft Geister und schreibt ihnen Funktionen und Aktivitäten zu. Gott wird Seiner selbst bewusst durch den Ersten Intellekt, den Geist *(ruh),* doch Er wird Sich jedes der *ayan* (jedes Geistes) durch die Essenzen der *ayan* selbst bewusst, also durch die Geister, die spezielle ›Modi‹ im universellen Geist sind.

Ibn Arabis Sicht von der Gleichsetzung des Wissens des Einen mit den *ayan* von Dingen (den Dingen an sich) ist grundsätzlich der von Plotin gleich. Er identifiziert das Göttliche Wissen mit der Göttlichen Essenz, woraus folgt, dass Göttliches Wissen identisch ist mit all den potenziellen ›Modi‹ der Essenz und dass jeder ›Modus‹ gleichgesetzt wird mit einer Idee seiner selbst im Göttlichen Bewusstsein. Mit anderen Worten, jeder ›Modus‹ muss gleichzeitig ein Zustand in der Essenz und ein Zustand im Göttlichen Wissen sein, und diese zwei Zustände fallen zusammen und sind in Wirklichkeit eins mit dem, was Ibn Arabi *ayan ath-thabitah* nennt. Er nennt diese die »Schlüssel des Ungesehenen« *(mafatih al-ghayb)* und die »ersten Schlüssel« *(mafatih al-awwal)*, weil sie das Eröffnungskapitel in der Geschichte der Schöpfung waren (obwohl die Schöpfung streng genommen keinen Anfang und kein Ende hat), also der Offenbarung des Einen Sich selbst gegenüber als Schöpfer, Der in Sich selbst über die Unendlichkeit Seiner Geschöpfe (Seiner zukünftigen Manifestationen) kontempliert. Dieser spezielle Zustand ist nur Gott selbst bekannt.

Ibn Arabi meint, dass es für einen wahren Mystiker nicht so unmöglich sei, Wissen über die *ayan ath-thabitah* selbst zu erlangen, besonders über sein eigenes. Er sagt: »Oder es kann sein, dass Gott ihm [dem Mystiker] sein *ayn ath-thabitah* und dessen unendliche Folge von Zuständen offenbart, so dass er sich selbst in derselben Weise kennt, wie Gott ihn kennt, da er sein Wissen aus derselben Quelle bekommen hat.«

Die *ayan ath-thabitah* haben die einzigartige Eigenschaft, sowohl aktiv als auch passiv (oder ›rezeptiv‹) zu sein. Als in gewissem Sinn ›Emanationen‹ des Einen, Formen der Göttlichen Namen und potenzielle ›Modi‹ in der Göttlichen Essenz, sind sie passiv und rezeptiv *(qabil)*. »Die rezeptiven [Wesen] kommen von nichts außer Seiner Höchst Heiligen Emanation«, womit er die *ayan ath-thabitah* meint. Diese Höchst Heilige Emanation nennt er auch die Präsenz der Einheit, die gnadenvolle Präsenz *(al-hadarat al-rahmaniyah)*, die Erste Epiphanie *(al-ta ayan al-awwal)*, die Präsenz der Namen *(hadarat al-asma)*, die Sphäre der Geister *(alam al-arwah)* und so weiter. Als ihre Essenz – das heißt dadurch, dass sie in sich selbst alle Potenzialitäten haben, das zu werden, was die äußerlichen Existenzen der phänomenalen Welt sind – werden sie als aktiv verstanden. Aktivität und Passivität bedeuten hier aber nichts weiter als logische Bestimmung *(hukm)*. Die *ayan* sind passiv in Beziehung zu den Göttlichen Namen wegen der Bestimmungen *(ahkam)*, die die Göttlichen Namen über sie ausüben; ein

Zustand, der analog zur Bestimmung der Einzelheiten durch das Umfassende ist. Sie sind aktiv in Bezug auf die phänomenalen Objekte im gleichen Sinn, wie eine Potenzialität aktiv ist in Bezug auf die Aktualität, die sie wird; in beiden Fällen also ist es nur logische Bestimmung.

Die Selbstmanifestationen des Einen

IN SEINEN EIGENEN KNAPPEN WORTEN: »RUHM SEI GOTT, Der Dinge erschuf und selbst ihre Essenz war.« »Er allein ist Beweis Seiner eigenen Existenz, die in den *ayan* kontingenter Wesen manifestiert ist.« »Es gibt nichts außer Gott, nichts in Existenz außer Ihm. Da ist nicht einmal ein ›Dort‹, wo die Essenz aller Dinge eins ist.« »Vor wem fliehst du, da nichts in Existenz ist als Er?« »Mein Auge sieht nichts als Sein Antlitz (Seine Essenz); und mein Ohr hört nichts als Seine Rede.«

»Gründe die ganze Sache deiner Abgeschiedenheit *(khalwah)* darauf, Gott in absoluter Vereinigung zu schauen, die nicht durch irgendeine [Form von] Polytheismus implizit oder explizit beeinträchtigt wird, und mit absoluter Überzeugung, alle Ursachen und Vermittler zu verneinen, sei es ganz oder teilweise; denn in der Tat, wenn du eines solchen *tawhid* beraubt bist, musst du dem Polytheismus verfallen.« Er verneint das Einswerden mit Gott. Da ist keinerlei ›Werden‹, sondern nur Verwirklichung der schon existierenden Tatsache, dass du eins bist mit Gott.

»So hängen wir in allem von Ihm allein ab. Unsere Abhängigkeit von anderen Dingen ist in Wirklichkeit Abhängigkeit von Ihm, denn sie sind nichts anderes als Seine Erscheinungen. Bayazid fragte Gott: ›Oh Gott, womit kann ich mich Dir nähern?‹, und Gott antwortete: ›Mit dem, was nicht zu Mir gehört, nämlich mit Unterwürfigkeit und Abhängigkeit‹.

Denn Er, gepriesen sei Er«, sagt Ibn Arabi, »hat keinerlei Ähnlichkeit mit Seiner Schöpfung. Seine Essenz kann von uns nicht erfasst werden, und so können wir sie nicht mit fassbaren Dingen vergleichen; und ebenso wenig ist Sein Handeln wie unseres.« »Die Bewegung aller Existenz ist kreisförmig, sie kehrt dorthin zurück, wo sie beginnt.« Er sagt, dass die ›Bewegung‹ der Welterschaffung durch das essentielle Verlangen des Einen entstand, Sich in äußeren Realitäten zu manifestieren. »Ich war ein verborgener Schatz und Ich sehnte Mich danach, erkannt zu werden; also erschuf Ich die Welt, auf dass Ich erkannt werde.« Die Selbstoffenbarungen oder Manifestationen *(tajalliyat)* sind die verschiedenen Wege, in denen der Eine Sich uns zeigt im Wachsen unseres Wissens von Ihm. *Tajalli* ist die »ewige und immerwährende Selbstmanifestation«, das »Überfließen von Existenz aus der Essenz in die Formen, nicht im Sinne zweier Gefäße, von denen das eine ins andere geleert wird, sondern im Sinne des Einen, das wir uns einmal als Essenz, einmal als Form denken.« Dass das Universum auf Ihn als Emanation bezogen wird, widerspricht der Natur des Absoluten, welches Freiheit von allen Beziehungen bedeutet.

Es gibt *eine* Wirklichkeit, die sich in einer Unendlichkeit von Formen offenbart oder manifestiert, nicht eine, die produziert oder erschafft, oder eine, von der irgendetwas anderes als sie selbst emaniert. Sogar der Ausdruck »Manifestation in Formen« ist irreführend, denn Essenz und Formen waren nie getrennt, außer in unserem Denken. Der Erste Intellekt, die Universelle Seele, die Universelle Natur und so weiter sind nicht getrennt Existierende oder irgendwie unabhängig voneinander, sondern verschiedene Wege, das Eine zu sehen, das heißt: das Eine, betrachtet als Universelles Bewusstsein, das Eine als Aktives Prinzip im Universum, das Eine als Leben spendendes Prinzip, das Eine als konkret manifestiert in der Phänomenalen Welt und so weiter.

Derart verstanden, sind die Selbstoffenbarungen des Einen *(al-tajalliyat)* so: Wenn wir uns den Einen als jenseits aller möglichen Beziehungen und Individualisierungen denken, sagen wir, dass Gott Sich im Zustand der Einheit offenbart habe *(al-ahadiyah)* oder in der Blindheit sei *(al-ama,* Nicht-Kommunikation), dem Zustand der Essenz. Betrachten wir es in Bezug auf die potenzielle Existenz der phänomenalen Welt, dann sagen wir, dass Gott Sich im Zustand der Gottheit *(al-martaba al-ilahiyah)* offenbart habe. Das ist der Zustand der Göttlichen Namen. Und sehen wir es in Bezug auf die aktuellen Manifestationen der phänomenalen Welt, so sagen wir, dass Gott Sich im Zustand der Herrschaft *(al-rububiyah)* offenbart habe.

Als das Universelle Bewusstsein betrachtet, das alle mit dem Verstand erkennbaren Formen von aktuell und potenziell existierenden Dingen enthält, sagen wir, dass die Realität Sich im Ersten

Intellekt offenbart habe. Und Gott offenbart Sich als der Innerliche oder Ungesehene, und wir nennen diesen Zustand Wirklichkeit der Wirklichkeiten *(haqiqat al-haqaiq)*. Aber als aktuell in der phänomenalen Welt manifestiert betrachtet, sagen wir, dass Gott Sich in Formen der äußeren Welt manifestiert habe, und wir identifizieren Ihn mit dem Universellen Körper *(al-jism al-kulli)*. Denken wir uns Ihn als die Universelle Substanz, die alle Formen empfängt, dann sagen wir, dass Gott Sich als Primärmaterie offenbart habe *(al-hayula)*, die Ibn Arabi manchmal das Eingeschriebene Buch *(al-kitab al-mastur)* nennt, und so weiter und so fort.

Die Wirklichkeit des Wirklichen

DER LOGOS KANN VON VIELEN VERSCHIEDENEN SEITEN HER verstanden werden. Als rein metaphysische Kategorie wird er der Erste Intellekt, aus mystischer Sicht der Vollständige Mensch genannt, gesehen als das aktive Prinzip in allem Göttlichen und esoterischen Wissen. Auf den Menschen bezogen kann der Logos mit dem Wirklichen Menschen gleichgesetzt werden, während er auf das Universum bezogen die Wirklichkeit des Wirklichen genannt werden kann. Als ein Verzeichnis, das alles enthält, wird er Das Buch *(al-kitab)* und die Feder der Entzückung *(al-qalam al-ala)* genannt. Hayula und Erste Substanz wird er als Essenz genannt, in der alles seinen Ursprung hat. Die größte Gefahr besteht darin zu vergessen, dass sich all diese Bezeichnungen auf verschiedene Aspekte des Einen Wesens beziehen, und nicht auf verschiedene Wesen.

Die Objekte all unseres Wissens fallen nach Ibn Arabi unter drei metaphysische Kategorien:

1. Absolutes Sein, das per se existiert und der Ursprung von allem ist, was existiert.

2. Kontingentes Sein, das durch das Absolute Sein existiert – sonst ist es ›Nicht-Sein‹; dies ist das Universum.

3. Sein, das weder existent noch nicht-existent ist, weder ewig noch zeitlich. Es ist mit-ewig mit dem Ewigen und zeitlich mit dem Zeitlichen. Von dieser Kategorie des Seins können wir ebenso wenig sagen, dass sie dem Universum vorausgehe, wie wir dies von Gott selbst sagen könnten. Sie ist dem Universum vorausgehend, doch ihre Priorität ist nur logisch, nicht zeitlich. Sie ist der innere Aspekt der Gottheit, und die Gottheit ist ihr äußerer Aspekt. Dies ist die ›Wirklichkeit der Wirklichkeiten‹ oder die ›Idee der Ideen‹, *summum genus,* der Erste Intellekt und so weiter. Sie umfasst alle Ideen und alle existierenden Dinge vollständig. Sie ist weder ein Ganzes noch ein Teil, nimmt weder zu noch ab. Sie ist undefinierbar. Sie steht so nahe wie möglich bei der Materie. Sie multipliziert sich mit der Multiplikation von existierenden Dingen, doch sie teilt nicht (außer im Denken).

Man könnte sagen, sie sei Gott oder das Universum; man könnte aber auch sagen, sie sei weder das Eine noch das Andere. Aus ihr geht das Universelle hervor, wie aus dem Universellen das Partikuläre hervorgeht. Sie enthält die Wirklichkeiten (Ideen gleichgesetzt mit Wirklichkeiten, *haqaiq*) verschiedener Objekte. Doch in sich selbst bleibt sie homogen. Sie steht in der engsten Beziehung zu Gottes Wissen. Durch sich selbst ist sie Gott bekannt, das heißt sie ist das Bewusstsein Gottes. Sie ist nicht das Göttliche Wissen selbst, sondern eher Inhalt und Substanz dieses Wissens. In ihr sind der Wissende, das Wissen und das Gewusste eins. Durch sie wird das Universum zur Manifestation gebracht. Sie ist der ›Speicher‹ verstandesmäßig erkennbarer und archetypischer Ideen der Welt des ›Werdens‹.

Die so beschriebene Wirklichkeit der Wirklichkeiten ist genauso wenig verschieden von Gott, wie eine Potenzialität, die unter bestimmten Bedingungen Aktualität wird, verschieden von dieser Aktualität genannt werden kann. Sie ist Gott verstanden als das Sich-selbst-offenbarende Prinzip des Universums: Gott, Der Sich in einer Form universellen Bewusstseins weder zu einer bestimmten Zeit noch an einem bestimmten Ort manifestiert, sondern als die Wirklichkeit, die allen Wirklichkeiten zugrunde liegt, und als ein Wesen, dessen Bewusstsein identisch ist mit Seiner Essenz.

Die Wirklichkeit der Wirklichkeiten ist vollkommen manifestiert in der Welt, die ihr positives Sein ›spiegelt‹. Sie ist vollkommen; und das Universum, das ihre Vollkommenheit manifestiert, ist vollkommen. Aber während das Universum diese Vollkommenheit analytisch manifestiert, manifestiert sie allein der Mensch (der Vollständige Mensch, nicht der Tier-Mensch) synthetisch. Ibn Arabi schreibt dieser Wirklichkeit der Wirklichkeiten oder dem Ersten Intellekt und so weiter eine schöpferische Aktivität zu, die der Willensaktivität des Menschen sehr ähnlich ist. Doch wir haben schon gesehen, was er mit Schöpfung und Gott als Schöpfer meint. Sie habe, sagt er, die gleiche Beziehung zu den latenten Wirklichkeiten der Dinge *(al-ayan ath-thabitah),* wie sie unser Geist oder Verstand zu seinen Willenszuständen habe. Außer dieser schöpferischen Aktivität schreibt Ibn Arabi der Wirklichkeit der Wirklichkeiten Rationalität zu. Durch sie wird Sich Gott Seiner selbst bewusst, wie wir schon gesehen haben. Wie Plotin glaubt Ibn Arabi, dass »das Sich-selbst-Denken zum Geist oder Verstand gehört (dem *haqiqat al-haqaiq*), nicht zu dem Einen.« Dieses Bewusstsein hat seine höchste Stufe im Vollständigen Menschen erreicht, in dem das Ziel der Schöpfung verwirklicht wird – Gottes Sehnsucht, erkannt zu werden. Und im Vollständigen Menschen erkennt Gott Sich selbst vollkommen.

Die Wirklichkeit der Wirklichkeiten ist der erste Schritt, durch den das Absolute im Prozess seines Herabsteigens (zu unserem Wissen) von seiner Absolutheit entfernt wird. Es ist die Erste Epiphanie Gottes, in der Sich Gott Sich selbst zuwendet. Wie die Tradition des Propheten sagt: »Ich habe kein Wesen geschaffen, das Mir teurer ist als du. Mit dir gebe Ich, mit dir nehme Ich, und mit dir strafe Ich.«

Der Vollständige Mensch

KEINE ABHANDLUNG ÜBER IBN ARABIS LEHRE VOM LOGOS
ist vollständig, die nicht seine Ansichten über den Vollständigen Menschen einschließt, denn diese erklären die praktische Seite seines Begriffs vom Logos: seine Beziehung zum Menschen und seine Manifestation im Menschen. Daher umfasst Ibn Arabis Theorie vom Logos in ihrer vollständigsten Form folgende Elemente:

1. Der Logos der Wirklichkeit der Wirklichkeiten: der metaphysische Aspekt.

2. Der Logos als die Wirklichkeit Mohammeds: der mystische Aspekt.

3. Der Logos als der Vollständige Mensch: der menschliche Aspekt.

Das Prinzip der universellen Vernunft ist allem immanent und konstituiert sozusagen das Göttliche Bewusstsein, das bis jetzt gleichgesetzt war mit der Wirklichkeit der Wirklichkeiten und der Wirklichkeit Mohammeds. Doch es ist nicht in allen Wesen in gleichem Maße vertreten. Der Mensch ist das einzige Wesen, in dem dieses Prinzip in einem so hohen Grad manifestiert ist, dass er der Stellvertreter Gottes *(al-khalifah)* genannt zu werden verdient und Gottes Ebenbild *(al-surah)* und der Mikrokosmos *(al-kawn al-jami);* oder der Spiegel, der alle Vollkommenheiten und Attribute Gottes spiegelt; oder sogar Gott selbst. Ibn Arabi drückt das alles sehr kühn in folgenden Sätzen aus:

a) Nur zwei Wesen nennen sich zu Recht Gott: Gott selbst, der Sich in Seinen Büchern Allah nennt, und der Vollständige Mensch *(al-abd al-kamil)* wie Bayazid.

b) »Als Gott, Er sei gepriesen, die *ayan* Seiner Schönsten Namen sehen wollte, die jenseits aller Zählung sind, oder, wenn man so will, Sein *ayn* in einem universellen Wesen *(kawn jami),* das die ganze Materie [der Schöpfung] enthält, soweit es mit allen Aspekten der Existenz ausgestattet ist und durch welches das Mysterium Gottes für Ihn selbst manifestiert wird, denn die

Sicht, die ein Ding hat, das sich selbst durch sich selbst
sieht, ist nicht dieselbe wie jene, die ein Ding von sich
selbst hat, wenn es sich in etwas anderem sieht, das ihm
als Spiegel dient...« Adam ist das eigentliche ›Polieren‹
dieses Spiegels und der Geist dieser Form (in der sich
Gott manifestiert, das heißt der Mensch), und die Engel
sind einige der ›Mächte‹ jener ›Form‹, das heißt des
Universums, das die Sufis den Großen Menschen nennen *(al-insan al-kabir).*

Dies ist nicht der ›Tier‹-Mensch *(al-insan al-hayawani),* sondern der ›rationale‹ Mensch, der Vollständige Mensch in dem strengen Sinn, in dem Ibn Arabi diesen Begriff benutzt, die Klasse, zu der alle Propheten und Heiligen gehören oder die Gnostiker im wahrsten Sinn des Wortes.

Alles manifestiert das Universelle Rationale Prinzip in einem Maß, das proportional zu seiner Fähigkeit ist. Sogar die so genannt unbeseelten Wesen manifestieren diese verborgene Rationalität, insofern sie ihren eigenen inneren Gesetzen gehorchen. Die ganze Schöpfung ist vom niedersten Mineral bis zum höchsten Menschen (dem Vollständigen Menschen) eine rationale Struktur.

»Niemand«, sagt Ibn Arabi, »kennt die Würde des Menschen und seinen Platz im Universum außer denen, die wissen, wie man Gott vollkommen kontempliert.« Er ist das einzige Geschöpf, dem es möglich ist, Gott ganz zu kennen. Tatsächlich ist er es, durch den Gott Sich selbst kennt, denn er ist das manifestierte Bewusstsein Gottes. Andere Wesen wissen so viel von Gottes Natur wie von ihrer eigenen, denn die phänomenalen Dinge sind nichts anderes als Seine Attribute. Ihre Kenntnis ist unvollkommen und unvollständig verglichen mit jener des Menschen, der *alle* Attribute Gottes in sich vereinigt.

Sogar das Wissen der Engel von Gott ist nicht vollkommen. Sie kennen Gott als eine transzendente Realität, die keine Beziehung zur phänomenalen Welt hat. Der Mensch allein kennt Gott sowohl als das Wirkliche *(haqq)* wie als das Phänomenale *(khalq),* denn der Mensch selbst (der Vollständige Mensch) ist das Wirkliche und das Phänomenale, das Innere und das Äußere, das Ewige und das Zeitliche. Das Herz des Vollständigen Menschen ist der Sitz der Manifestation des universellen Logos (der Wirklichkeit der Wirklichkeiten oder der Wirklichkeit Mohammeds und so weiter), und darin allein finden die Aktivitäten dieses Logos ihren vollsten Ausdruck. Der Vollständige Mensch ist in unmittelbarem Kontakt mit der Wirklichkeit, und durch ihn wird die essentielle Einheit des Universellen und des Partikulären verwirklicht.

Ibn Arabi sagt ebenso wie Jili, der sich ihm in dieser Sache sehr annähert, dass durch den Vollständigen Menschen allein Gottes Vollkommenheiten offenbart werden. »Der Vollständige Mensch«, sagt Ihn Arabi, »ist die Göttliche Einheit *(al-jamiya al-ilahiya)*, das heißt alle Attribute, die zur Göttlichen Präsenz *(al-janab al-ilahi)*, zur Wirklichkeit der Wirklichkeiten und zur Welt der Natur gehören.«

Ein Vollständiger Mensch ist, entsprechend seiner Theorie, nicht vollkommen, wenn er nicht seine essentielle Einheit mit Gott realisiert. Das ist es, was einen gewöhnlichen Menschen vom Vollständigen Menschen unterscheidet. Jeder Mensch ist in diesem Sinn ein Mikrokosmos, doch lediglich *potenziell.* Der Vollständige Mensch manifestiert tatsächlich alle Eigenschaften und Vollkommenheiten Gottes, und eine solche Manifestation ist ohne die volle Verwirklichung seiner Wesenheit mit Gott unvollständig. Deshalb muss jeder Vollständige Mensch ein Mystiker in Ibn Arabis Sinn sein, denn nur in der Mystik kann eine solche Verwirklichung erreicht werden.

Wir haben schon festgestellt, dass Ibn Arabi den Vollständigen Menschen die inneren und äußeren Aspekte der Realität nennt. Die Essenz des Vollständigen Menschen ist ein Modus der Göttlichen Essenz. Sein Geist ist ein Modus des Universellen Geistes. Sein Körper ist ein Modus des Universellen Thrones *(al-arsh)*. Sein Wissen ist eine Spiegelung des Göttlichen Wissens. Das Herz des Vollständigen Menschen entspricht dem himmlischen Archetyp von *al-kaba (al-bayt al-mamur)*. Seine geistigen Fähigkeiten entsprechen jenen der Engel, seine Erinnerung entspricht Saturn, sein Verstehen Jupiter, sein Intellekt der Sonne und so weiter und so fort.

Wie der Universelle Logos, den der Vollkommene Mensch manifestiert, wird der Vollkommene Mensch von Ibn Arabi ein Zwischenstadium *(barzakh)* genannt; nicht im Sinn einer Entität zwischen Gott und dem Universum, dem Göttlichen und dem Menschlichen, sondern indem er die einzige Kreatur sei, die beides vollkommen vereint und manifestiert. Ibn Arabi erklärt das Mysterium der Schöpfung, indem er sagt, dass es wegen des wesenhaften

Sehnens des Einen war, erkannt zu werden und manifest zu sein, dass Gott Sich selbst in den Formen der phänomenalen Welt offenbarte.

Dieses ewige Sehnen des Einen, Seine Schönheit und Vollkommenheit in Formen manifestiert zu sehen und vor allem Sich selbst in und durch Sich selbst zu erkennen, fand seine vollständigste Verwirklichung im Vollständigen Menschen, sagt Ibn Arabi. Er allein kennt Ihn und manifestiert Seine Eigenschaften vollkommen. Er kennt Ihn »in einer Weise, die über jeden Zweifel erhaben ist. Er nimmt Ihn im innersten ›Auge‹ seiner Seele wahr.«

»Er ist für Gott das, was die Pupille für das (physische) Auge ist (...), und durch ihn erblickt Gott Seine Geschöpfe und hat Erbarmen mit ihnen, d.h. Er erschafft sie.« In diesem Sinn nennt Ibn Arabi den Vollständigen Menschen die Ursache der Schöpfung, denn im Vollständigen Menschen allein ist das Objekt der Schöpfung verwirklicht. Gäbe es nicht den Menschen (den Vollständign Menschen), die Schöpfung wäre zwecklos gewesen, denn Gott wäre nicht erkannt worden. So wurde die ganze Schöpfung um des Vollständigen Menschen Willen geschaffen, und deswegen manifestierte Gott Sich sowohl in der Welt wie im Vollständigen Menschen.

Deshalb kann nach Ibn Arabis Meinung die *Würde des Menschen* nicht überbewertet werden. Der Mensch ist das höchste und verehrungswürdigste Geschöpf, das Gott jemals schuf. Er sollte gehütet und geehrt werden, denn »*wer sich um den Menschen kümmert, kümmert sich um Gott.*« Ibn Arabi sagt auch: »Die Bewahrung der menschlichen Rasse sollte weit mehr beachtet werden als religiöse Frömmelei, mit ihrer resultierenden Zerstörung menschlicher Seelen, selbst wenn sie um Gottes Willen und zur Erhaltung des Gesetzes geschähe.« »*Gott hat den Menschen derart erhöht*«, fügt Ibn Arabi hinzu, »*dass Er alles im Himmel und auf der Erde, vom Höchsten bis zum Niedrigsten, seiner Herrschaft unterstellte.*«

Ibn Arabi betrachtet den Menschen (den Vollständigen Menschen) nicht nur als Ursache der Schöpfung des Universums in dem erläuterten Sinn, sondern auch als Bewahrer und Erhalter des Universums. »Das Universum wird solange weiterbewahrt werden, wie der Vollständige Mensch darin ist.« »Siehst du nicht, dass, wenn er es verlässt und vom Schatz der gegenwärtigen Welt entfernt wird, nichts in der Welt bleiben wird, was Gott hineingegeben hat, und was darin war, hinausgehen wird, und jeder Teil eins werden wird mit jedem anderen und alles in die nächste Welt übertragen und für ewig versiegelt wird?«

Es scheint, wenn Ibn Arabi den Vollständigen Menschen den Bewahrer und Aufseher des ganzen Universums in einem wirklichen Sinn nennt, dass er entweder den Vollständigen Menschen meint, der sich in der mystischen Erfahrung des *fana* mit dem *nous* identifiziert, das heißt den Göttlichen Menschen, oder den *nous* (die Wirklichkeit der Wirklichkeiten) selbst, das heißt Gott als schöpferisches und rationales Prinzip. Ibn Arabi war der Erste, der eine synthetische und systematische Logos-Theorie vertrat oder vielmehr eine Gruppe von Theorien, abgeleitet aus verschiedenen Quellen und zu einer Einheit zusammengefasst. Er war nicht nur der Erste, der eine solche Theorie entwickelte, er war auch der Letzte, der eine Logos-Lehre von Bedeutung hervorbrachte. Alle nach ihm reproduzierten seine Ideen in dieser oder jener Form; manche schrieben sie gar wörtlich ab.

Die Betonung der Dreieinigkeit als fundamentalem Prinzip aller produktiven oder schöpferischen Aktivitäten des Universellen Logos trägt einen christlichen Stempel. Aber es war nicht das Christentum, das Ibn Arabi beeinflusste, sondern vielmehr, dass jede Manifestation drei Beziehungen verlangt. Ibn Arabis Dreieinigkeit ist nur eine Dreieinigkeit relativer Aspekte, nicht dreier Personen. Sogar die Wirklichkeit Mohammeds ist dreifaltig: Folgerichtiges Urteilen muss drei Elemente besitzen, und diese Idee drückt er sehr kühn in folgender Zeile aus: »Mein Geliebter ist drei, obwohl Er Einer ist.«

Es gibt eine erstaunliche Ähnlichkeit zwischen der Lehre des Logos, wie sie von Philo von Alexandrien beschrieben wird, und jener von Ibn Arabi, der den Ausdruck Logos *(kalimah)* verwendet, um damit sowohl die ewige Weisheit (entsprechend der ursprünglichen Bedeutung in der griechischen Philosophie) zu bezeichnen wie auch das ›Wort‹ (oder die Rede entsprechend hebräischer Terminologie).

Philos Terminologie	*Ibn Arabis Terminologie*
Der Hohepriester	Imam oder *qutb*
Der Fürsprecher	*al-shafi*
Der Ruhm Gottes	der Mensch, der die Wirklichkeit ist *(al-insanu ayn al-haqq)*

Der Schatten Gottes	das Bild der Wahrheit *(haba* oder *surat al-haqq)*
Die Idee der Ideen	die Wirklichkeit der Wirklichkeiten *(haqiqat al-haqaiq)*
Der Vermittler	der Isthmus *(barzakh)*
Das Prinzip der Offenbarung	die Wirklichkeit Mohammeds
Der Erstgeborene Sohn Gottes	Erste Epiphanie *(ta-ayan al-awwal)*
Der Erste Engel	der Geist *(ruh)*
Vizeregent	*khalifah*
Göttlicher Mensch	Vollständiger Mensch

Heiligkeit

HEILIGKEIT (WILAYA), WIE SIE IBN ARABI UND AUCH EINE große Mehrheit der Sufis verstehen, meint nicht Tugendhaftigkeit oder Frömmigkeit, obwohl solche Charakteristika in einem Heiligen gefunden werden können. Das entscheidende Merkmal von *wilaya*, wie sie Ibn Arabi versteht, ist ›Gnosis‹ *(marifah)*. Mit anderen Worten, ein Mensch ist ein Heiliger, wenn er das ist, was Ibn Arabi einen Vollständigen Menschen nennt. Er erweitert die Bedeutung des Ausdrucks Heiliger *(walî)* so, dass sie Folgendes umfasst:

1. alle Propheten und Apostel,
2. einige Sufis,
3. den ›Einzigartigen Menschen‹ *(al-afrad)* wie Abdul Qadir al-Gilani,
4. die Wächter *(al-umana)*,
5. die Geliebten *(al-ahbab)*,
6. die Erben *(al-waratha)* und so weiter.

Er benutzt den Begriff Heiliger *(walî)* auch für alle Apostel und Propheten. Ein Apostel ist nach seiner Meinung vor allem ein Heiliger, der mit der äußeren Aufgabe betraut ist, von Gott eine

Botschaft zu übermitteln; und ein Prophet ist ein Heiliger, der sich von anderen Heiligen durch sein einzigartiges Wissen von den Ungesehenen Welten unterscheidet.

Heiligkeit *(wilaya)*, so erklärt er, sei die Basis aller spirituellen Ränge und ihr einziges gemeinsames Element. Sie sei ursprünglich ein Göttliches Attribut (denn Gott nennt Sich selbst *al-walî*), und wenn wir diesen Ausdruck für Menschen gebrauchen, dann nur für jene,

die ihre Einheit mit Ihm realisiert haben. Der Ausdruck ist umfassender als Prophetentum *(nubuwwa)* oder Aposteltum *(risalah)*. Diese sind bestimmte Grade der Heiligkeit, während jene ein permanenter Zustand ist. Propheten- und Aposteltum sind zeitlich begrenzt. Jedes Wissen, das dazu gehört, ist unbegrenzt, denn es ist identisch mit Gottes Wissen und dem des Geistes Mohammeds, während prophetisches und apostolisches Wissen begrenzt ist.

Dass sich der Universelle Logos in Ibn Arabis Lehre mit dem Geist oder der Wirklichkeit Mohammeds identifiziert, erklärt, was mit der Allgemeinen Vizeregentschaft gemeint ist. Der wirkliche Vizeregent *(khalifah)* Gottes ist der Geist Mohammeds, der sich für immer in der Gestalt von Propheten und Heiligen manifestiert (der Klasse von Menschen, die unter die Kategorie des Vollständigen Menschen fallen), von denen jeder *khalifah* genannt werden kann. Sie alle manifestieren diese Allgemeine Vizeregentschaft. Wir können sie alle Heilige nennen, denn nach Ansicht von Ibn Arabi ist jeder Prophet oder Apostel in einem seiner Aspekte ein Heiliger. Alle diese Heiligen (wird der Begriff im weitesten Sinn verwendet), sagt Ibn Arabi, ›leiten‹ solches Wissen, das ihre Heiligkeit ausmacht (das heißt esoterisches Wissen), vom Geist Mohammeds ab. Dazu kommt, dass *wilaya* vollkommener ist. Ibn Arabi meint damit nicht, dass ein Heiliger vollkommener sei als irgendein Prophet oder Apostel oder diesen überlegen, sondern eher, dass die heilige Seite eines Propheten oder Apostels seiner prophetischen oder apostolischen Seite überlegen sei.

So gehören alle Apostel, Propheten und Heiligen zu derselben Gruppe, die ein gemeinsames Element verbindet. Dieses Element ist das aktive Prinzip in aller Offenbarung und Inspiration: der Logos, der Geist Mohammeds. Er geht sogar so weit zu sagen, dass alle Religionen *(sharai)* der Propheten von Adam bis Mohammed nichts anderes als zeitliche Manifestationen – entsprechend den Erfordernissen und Bedürfnissen der Menschheit zu verschiedenen

Zeiten – der einen universellen Religion seien, die er Islam nennt (indem er diesen Namen für alle Religionen verwendet, einschließlich des Islam selber).

Wissen

DAS WISSEN VARIIERT NICHT NUR IN DER ART, SONDERN auch die Kanäle sind verschieden, durch die Wissen erlangt wird. Deshalb stellt Ibn Arabi eine Klassifizierung von Behauptungen auf (oder von Urteilen, die er in Form von Behauptungen ausdrückt). Er betont, dass normalerweise alles Wissen durch sechs Fähigkeiten erlangt wird, durch die fünf Sinne und den Intellekt, wobei letzterer als Fähigkeit zählt. Sie seien, sagt er, numerisch verschieden, aber im Wesentlichen eins. Doch gebe es Menschen, die diesem normalen Gesetz der Dinge nicht folgen. Sie eignen sich alle Arten von Wissen durch den einen oder anderen Sinn an; einige eignen es sich mit gar keinem Sinn und keiner Fähigkeit an. Als abnormal bezeichnet er das Wissen, das dem Hellsehen, der Telepathie, der Hypnose entspringt, und vor allem das Wissen, das er intuitiv oder esoterisch nennt.

Vereinfacht gesagt, unterteilt Ibn Arabi alle Behauptungen oder Urteile in zwei Hauptklassen:

1. Notwendige Urteile; zu denen zählt er

    a) alle wahrnehmungsmäßigen Urteile (rein wahrnehmungsmäßig, das heißt ohne Interferenz des Verstandes),

    b) einige intellektuelle Urteile, mit denen er a priori selbstverständliche Behauptungen der reinen Mathematik und formalen Logik zu meinen scheint, und

    c) alle intuitiven (esoterischen) Urteile.

2. Kontingente Urteile, zu denen er Urteile zählt, die sowohl auf dem Verstand als auch auf den Sinnen gründen.

Unter notwendigen Urteilen versteht Ibn Arabi solche, die notwendigerweise wahr sind. Kontingente Urteile mögen wahr sein, doch ist ihre Wahrheit nicht notwendig. Wahrnehmungsurteile, sagte er, mögen mit der Begründung als falsch betrachtet werden, dass sie nicht objektiven Realitäten entsprechen; dennoch nennt er sie notwendigerweise wahr in dem Sinn, dass sie zu irgendetwas eine Entsprechung besitzen. Wenn ein Mensch behauptet, eine rosarote Ratte zu sehen, ist sein Urteil nach Ibn Arabi soweit wahr, dass dieser Mensch etwas gesehen haben muss; seine Wahrnehmung muss also durch etwas Objektives bedingt sein. Dieses ›Etwas‹ eine rosarote Ratte zu nennen, ist kein Fehler der Sinne, sondern des Verstandes. Alle Illusionen, wie das Phänomen der Fata Morgana, würde Ibn Arabi auf diese Weise erklären. Urteile, die nicht äußeren Wirklichkeiten entsprechen und nicht bedingt sind durch irgendwelche äußeren Objekte, sind Erzeugnisse der Phantasie und folglich notwendig falsch.

Wenn wir uns nun eine mentale Kraft vorstellen, die den Intellekt auf dieselbe Weise regiert wie der Verstand die Sinne, dann wäre es denkbar, dass eine solche Kraft sich in Bezug auf den Intellekt auf dieselbe Weise irren könnte, wie der Verstand sich in Bezug auf die Sinne irrt. Eine solche Kraft würde wahrscheinlich einige selbstverständliche Sätze des Intellekts als falsch bezeichnen, die diesem als notwendig wahr erscheinen. Ibn Arabi sagt uns nicht, ob es eine solche Kraft gibt, aber er will die Tatsache betonen, dass notwendiges Wissen der oben genannten Arten in sich selbst wahr ist und dass es am irrtümlichen Urteil des Verstandes oder eines anderen Richters *(hakim)* liegt, dass es manchmal als falsch bezeichnet wird.

Die wichtigste der drei Arten notwendigen Wissens ist die dritte, das intuitive Wissen. Dies ist der Kern von Ibn Arabis mystischer Philosophie des Wissens. Wie alle anderen Mystiker glaubt auch er an die Möglichkeit einer Art von Wissen, die derjenigen des diskursiven Verstandes sehr unähnlich ist. Es ist die unmittelbare Wahrnehmung, diesmal nicht eines äußeren Gegenstandes, sondern der Wahrheit selbst, Wissen um die Wirklichkeit der Dinge, wie sie sind, im Gegensatz zum wahrscheinlichen und bloß mutmaßlichen Wissen des Intellekts. Hallaj behauptete lange vor Ibn Arabi, dass der menschliche Intellekt fähig sei, Wirklichkeiten zu begreifen. »Gedanken sind bloß Ideen von Beziehungen. Wahres Wissen kommt direkt von der Universellen Seele zu den einzelnen Seelen, oder, wie Hallaj es ausdrückt, vom *Licht* zum Licht.« Hallaj unterscheidet zwischen dem Wissen vom Realen und dem Wissen vom Phänomenalen, entsprechend dem, was er Länge *(tul)* und Breite *(ard)* nennt. Das Reale zu kennen, heißt, selbst zu sehen; das Wissen des Verstandes ist begrenzt und indirekt. Ersteres ist Spinozas dritter Art des Wissens *(scientia intuitiva)* sehr ähnlich, das, so Spinoza, ein Zustand sei, in dem das menschliche Bewusstsein absorbiert sei in der *amor intellectualis Dei.*

Weise, wie sie waren, nannten die Sufis diese Art von Wissen ›Geschmack‹ *(dhawq),* einen Akt des Erkennens. Manchmal nennen sie es das Göttliche Wissen *(ilm ladunni)* und Wissen der Mysterien *(ilm al-asrar)* und Wissen des Ungesehenen *(ilm al-ghayb)* und »Wissen der Menschen, die in dieser Welt die Natur der nächsten Welt besitzen« wie Propheten und Heilige und so weiter. Es gibt zwei Arten des Ungesehenen *(al-ghayb):* das absolute *ghayb*, das heißt die Göttliche Essenz, die unkennbar ist, und das relative *ghayb*, dessen Erkenntnis für die einen möglich und für die anderen unmöglich ist.

Ibn Arabi unterteilt Wissen in drei Arten: Wissen des Intellekts *(ilm al-aql),* Wissen der Zustände *(ilm al-ahwal)* und Wissen der Mysterien *(ilm al-asrar).* Zu Letzterem, oder dem Göttlichem Wissen, zählt er Dinge wie instinktives Wissen und Wissen unbeseelter Wesen, da er glaubt, dass auch unbeseelte Wesen Gott kennen und Ihn lobpreisen.

Wir können also den Begriff der Intuition oder Einsicht oder der unmittelbaren Wahrnehmung der Wahrheit oder tatsächlich sogar jeden anderen Begriff für Göttliches Wissen gebrauchen, wenn wir es von anderen Arten unterscheiden, vor allem vom reflektierten Denken.

Die hervorstechendsten Eigenschaften esoterischen Wissens, wie es Ibn Arabi verstand, scheinen folgende zu sein:

1. Esoterisches Wissen ist angeboren, dasjenige des Intellekts ist erworben. Es gehört zum Göttlichen Glanz *(al-fayd al-ilahi),* der das wirkliche Wesen aller Kreaturen erleuchtet. Es manifestiert sich im Menschen unter gewissen mystischen Bedingungen, zum Beispiel bei vollkommener Passivität des Geistes oder Verstandes. Dem Mystiker wird geraten, in seinem Denken so passiv zu sein, dass er den Zustand unbelebter Dinge er-

reicht. Das ist nicht Ergebnis irgendwelcher Praktiken oder Disziplinen; es liegt schlummernd in den tiefsten Tiefen des menschlichen Herzens.

2. Es ist jenseits des Verstandes; und wir sollten nicht die Autorität des Verstandes anrufen, um seine Gültigkeit zu prüfen. Im Gegenteil, sollten Verstand und Intuition sich widersprechen, wäre der Erste immer dem Zweiten zu opfern. Wenn das, was Propheten und Heilige uns sagen, mit unserem Verstand unvereinbar zu sein scheint, sollten wir das Wort des Propheten oder Heiligen als erwiesen annehmen. Der Verstand ist kein Richter solcher Wahrheit. Er mag manchmal recht haben, aber Ibn Arabi behauptet, dass sein Rechthaben zufällig sei. Der Verstand sollte sich nicht am Göttlichen Wissen zu schaffen machen oder versuchen, es zu deuten.

3. Es manifestiert sich in der Form von Licht, das jeden Teil des Herzens des Sufis überflutet, wenn er einen gewissen Grad spiritueller Reinigung erreicht. Disziplin ist nur soweit notwendig, als sie hilft, die Schleier zu entfernen, die zur Tierseele gehören und die das Herz daran hindern, sein ewiges Wissen und seine Vollkommenheit zu spiegeln.

4. Esoterisches Wissen materialisiert sich nur in bestimmten Menschen. »*Es ist keiner unter uns, der nicht seinen festgelegten Platz hat.*« So ist alles, was Ibn Arabi mit Offenbarung *(kashf)* meint, einfach das Entschleiern. Wenn die Schleier gelüftet sind, sieht ›das Auge des Herzens‹ alle Dinge, ewige und zeitliche, aktuelle und potenzielle, wie sie wirklich sind in ihrem Zustand der Latenz *(thubut)*.

5. Anders als spekulatives Wissen, das höchstens Wahrscheinliches hervorbringt, vermittelt Intuition sicheres Wissen. Ersteres hat als Gegenstand den Schatten des Wirklichen, die phänomenale Welt, das Zweite die Wirklichkeit selbst. Der einzige Weg, solches Wissen zu

erlangen, ist ›unmittelbare Schau‹ *(shuhud)* der Wirklichkeiten. Gottes Wissen ist *shuhud*, und so ist das Wissen derer, die Er begünstigt.

6. Es ist im Wesentlichen identisch mit Gottes Wissen, und es ist, obwohl es auf verschiedene Arten erscheint, im Wesentlichen eins. Dass es wesentlich Gottes Wissen ist, beweist die Tatsache, dass keiner es erlangt, wenn er nicht schon die mystische Station erreicht hat, auf der esoterisches Wissen offenbart wird und auf der er sich seiner wesensmäßigen Einheit mit Gott bewusst wird: Das ist der Zustand des *fana,* in dem Gott (ohne irgendeine vorausgehende Auflösung) zum Hören und Sehen und all den anderen Wahrnehmungsfähigkeiten des Mystikers wird. Das ist Gottes Wissen, erlangt in und durch Gott. Es ist auch unser Wissen von Ihm durch Ihn. Dieser Punkt wird im Zusammenhang mit Ibn Arabis *fana-*Theorie eingehender behandelt werden. Über die wesensmäßige Einheitlichkeit dieses Wissens behauptet er, dass es einer gemeinsamen Quelle entspringt, obwohl es durch verschiedene Kanäle zu kommen scheint. Die wissende Substanz, die die Essenz *(huwiyah)* aller menschlichen Fähigkeiten ausmacht, ist eine, und ihr Wissen ist folglich eins. Reines Licht (das auch Reines Sein ist) ist die Quelle allen Wissens. Die Sinne und alle anderen Fähigkeiten des Menschen sind Medien, durch die dieses Licht sich manifestiert. Licht ist das einzige begreifende *(mudrik)* Prinzip in allen bewussten Wesen, das einzige, das in sich selbst sichtbar ist und andere Dinge sichtbar macht.

7. Dieses esoterische Wissen ist unbeschreibbar. Es ist wie bei Sinneswahrnehmungen und Gefühlen, kann also nicht erkannt werden, außer durch unmittelbare Erfahrung. Man kann das Wissen, das in einer mystischen Erfahrung einem Menschen enthüllt worden ist, so wenig erklären, wie man einem Blinden erklären kann, was ›rot‹ ist. Nur ein Mystiker kann die volle Bedeutung solchen Wissens erfassen; und die einzige Möglichkeit, es zu beschreiben, ist, wie Mystiker es immer taten, es

mit zweideutigen und irreführenden Metaphern zu sagen. »Die Vision ist für den da, der sie sehen wird«, sagt Plotin.

8. Es lässt den Mystiker vollkommene Erkenntnis der Realität gewinnen. Der nicht unterstützte Intellekt besteht auf der absoluten Transzendenz Gottes. Der Mystiker behauptet sowohl Transzendenz als auch Immanenz. Er sieht durch das Göttliche *tajalli*, wie das Eine das Viele durchdringt, und weiß, in welchem Sinn sich das Eine vom Vielen unterscheidet. Ibn Arabi glaubt, dass dies die Lehre ist, die in allen Göttlichen Religionen verkündigt und von Mutmaßung *(awham)* gebilligt wird. Die Transzendenz Gottes im Sinn des Mystikers ist nicht dieselbe wie die der Philosophen. Es ist die Absolutheit des Einen, die dem Mystiker in seiner Vision offenbart wird. Sie gründet sich nicht auf Schlussfolgerung oder logische Herleitung. Es ist, so sagt Jami, »Wie wenn man Zayd persönlich kennt; im anderen Fall ist es, wie wenn man ihn nur dem Namen nach kennt.«

Der Philosoph kann nie hoffen, mehr über Kausalität zu wissen, als er beobachtet oder aus Beobachtungen von kausalen Ereignissen in der äußeren Welt folgert. Der Gläubige aber sieht selbst, wie die Eine Ursache in allem wirkt. Noch einmal: Der Philosoph kann nicht über seine Behauptung der absoluten Transzendenz Gottes hinausgehen; der Gläubige kennt durch den Geschmack *(dhawq)* beide Aspekte der Realität, also Transzendenz und Immanenz. In seinen mystischen Zuständen wird der Gläubige (der auch ein Mystiker ist) seiner Wesenseinheit mit dem Wirklichen gewahr, ein Zustand, in dem der Erkennende und das Erkannte eins werden. Das ist völlig außerhalb der Möglichkeiten des Philosophen.

Das Herz

IBN ARABI NENNT WIE DIE ANDEREN SUFIS DAS MENSCHLI-
che ›Herz‹ metaphorisch das Instrument, durch welches esoterisches Wissen übertragen wird, oder das Zentrum, worin es offenbart wird. Es ist nicht das Herz selbst, nicht das hohle und konische Stück Fleisch in der Brust, das damit gemeint ist; es ist etwas anderes, das, »obwohl physisch und spirituell mit ihm verbunden, verschieden ist von ihm und anders als es.« Das Wort »Herz« ist lediglich ein Symbol für den rationalen Aspekt des Menschen, den Geist. Es ist nicht identisch mit dem Intellekt (wie die Philosophen meinen), den Ibn Arabi entschieden als phänomenal und vom Körper abhängig betrachtet, sondern eher ein untrennbarer ›Teil‹ des Prinzips der Universellen Vernunft, der weder der Körper selbst, noch für seine Existenz von einem Körper abhängig sei, noch irgendwie gebunden durch materielle Grenzen, obwohl er durch einen Körper wirke.

Diese geheimnisvolle Kraft habe, so sagt er, eine noch geheimnisvollere Fähigkeit, die er das ›innere Auge‹ *(ayn al-basira)* nennt, das wie das physische Auge Dinge wahrnimmt. Doch der Gegenstand seiner Wahrnehmung ist die Realität selbst. Was dieses innere Auge blendet, sind die schlechten Gedanken, die die Tierseele hegt, und alles, was an der materiellen Welt haftet. Wenn es einmal von solchen Schleiern befreit ist, beginnt das Herz des Mystikers, das Wirkliche zu verstehen und direkt mit dem Rationalen Prinzip des Universums zu kommunizieren.

Das Herz des Mystikers ist dasselbe wie die ›partikuläre Intelligenz‹ der Philosophen, ein Begriff, den Ibn Arabi manchmal gebraucht, wenn er die rationale Seele meint, und nicht den Intellekt. Eine partikuläre Intelligenz ist in seinen Augen ein Modus oder, wie er sagt, eine ›Partikularisierung‹ der Universellen Vernunft. Sie ist im Wesentlichen identisch mit der Universellen Seele, doch konzeptionell verschieden von ihr. Die Beziehung zwischen den beiden ist dieselbe wie die zwischen einem Allgemeinen und seinen Partikeln oder einem Kontinuierlichen und seinen einzelnen Ereignissen – eher das Zweite als das Erste. Was die eine Seele vervielfältigt, das vervielfältigt auch die Eine Essenz, nämlich subjektive Beziehungen *(nisab),* anders sind Seelen nicht teilbar. Die partikulären Seelen sind genauso wenig Teile der Universellen Seele, wie mentale Zustände Teile eines Geistes oder Verstandes sind. Ibn Arabi gebraucht eine ähnliche Analogie, wenn er partikuläre Intelligenz als ›Kraft der Universellen Seele‹ bezeichnet.

Der Begriff »Vereinigung« muss immer im metaphorischen Sinn verstanden werden. Wie kann es in einer mystischen Erfahrung eine wirkliche Vereinigung geben, wenn alle partikulären Seelen schon mit der Universellen Seele vereinigt sind, die Gott selbst ist (Gott – das Rationale Prinzip des Kosmos)? Die so genannte ›Vereinigung‹ ist deshalb für die einzelne Seele eher ein Zustand des ›Erwachens‹ und ein Wahrnehmen der bereits bestehenden Einheit zwischen ihr und der All-Seele als ein Verschmelzen von zwei verschiedenen Seelen. Nach Ibn Arabi ist die letzte Erfüllung des Mystikers und das letzte Ziel seiner Bemühungen nicht, mit Gott eins zu werden, denn dies ist er ja schon, sondern die Bedeutung dieser Einheit zu verwirklichen. Daraus folgt:

1. Es gibt überhaupt kein wirkliches Werden: Ein Mensch wird nie Gott, oder Gott Mensch. Das *ana'l-haqq* (Ich bin die Wahrheit) von Hallaj ist nach Ibn Arabi im wörtlichen Sinn wahr.

2. Das so genannte esoterische Wissen der Sufis entspringt direkt der individuellen Seele. Es ist nicht in einem wirklichen Sinn offenbart oder inspiriert. All diese Begriffe wie Übertragung und Vermittlung von Wissen sind metaphorisch zu verstehen. Der Gebrauch symbolischer Sprache ist hier, wie überhaupt, eine große Gefahrenquelle. Versteht man sie wörtlich, würde sie eine Dualität von Offenbarer und demjenigen, dem offenbart wird, suggerieren, von Geber und Empfänger von Wissen und so weiter, wo es doch nur das Eine gibt. Ibn Arabi beschreibt den Ersten Intellekt (einen Begriff, den er gleichbedeutend mit der Universellen Seele verwendet) in einer solchen Weise und misst ihm solche Eigenschaften bei, dass er als von partikulären Intelligenzen grundsätzlich verschieden erscheint. Wir wissen aber, dass sich nach ihm die Universelle Seele von partikulären Seelen nur in dem Sinne unterscheidet, wie ein Ganzes sich von seinen ›Teilen‹ unterscheidet. Er spricht auch vom Geist *(al-ruh),* mit dem er Gabriel meint, als mit der Universellen Seele identisch und als

einzigem Enthüller esoterischen Wissens *(al-mulqi);* und er zitiert zahlreiche Abschnitte aus dem Koran, um dies deutlich zu machen. Wirklich meint er, wie er selber zugibt: Es ist der *ruh* in seinen besonderen ›Modi‹, welcher der einzige Offenbarer ist. Diese Offenbarung ist die Verkündigung der Seele (der partikulären Seele) selbst.

Man sagt, dass der Mystiker in allen Präsenzen *(hadarat)* Wissen empfange; der Geber solchen Wissens aber sei das Selbst, das in verschiedenen ›Formen‹ erscheine, entsprechend der Natur eines jeden *hadarah*.

Wie Plotin, dem er direkt folgt, glaubt er an die essentielle Einheit rationaler Seelen mit der Universellen Seele. Das Herz des Sufis oder die rationale Seele ist nach diesem Verständnis sozusagen das Auge, durch das Gott Sich selbst sieht, und das Instrument, mit dem Er Sich in Seinen Manifestationen selbst erkennt. Der Mensch (der Vollständige Mensch) ist der Brennpunkt des Göttlichen Bewusstseins Gottes; Gott ist der Brennpunkt und die Essenz menschlichen Bewusstseins.

Die Wirklichkeit, die sich fortwährend in einer Unendlichkeit von Formen und auf allen Ebenen der Existenz manifestiert, wird wie in einem Spiegel im Herzen des wahren Gnostikers reflektiert, der der Wirklichkeit in allem folgt und sie in allem erkennt. Jeder Zustand oder jede Veränderung in der einen ewigen Substanz entspricht einem Zustand oder einer Veränderung im Herzen des Gnostikers. Das ist es, was Ibn Arabi meint, wenn er sagt, dass Gott »im Herzen des Gnostikers« enthalten sei. Es enthält Ihn auf zwei Weisen:

1. Es spiegelt all die Göttlichen Vollkommenheiten, die im Makrokosmos getrennt, im Mikrokosmos (Mensch) dagegen kollektiv manifestiert sind.

2. Es enthält Gott auch in dem Sinn, dass es den Göttlichen (den essentiellen oder spirituellen) Aspekt des Menschen enthält, den einzigen Aspekt, durch den der Mensch Gott genannt werden kann.

Ibn Arabi legt jedoch mehr Gewicht auf die erste dieser beiden Weisen, wenn er sagt, dass darin die wahre Bedeutung der prophetischen Tradition »*Wer sich selbst kennt, kennt seinen Herrn*« liege.

Die Seele

IBN ARABI ERKENNT DREI VERSCHIEDENE ELEMENTE IM Menschen, die er Körper, Seele und Geist nennt. Den Körper definiert er als eine materielle Form, die eine Ausdehnung im Raum und eine Dauer in der Zeit hat und die vergänglich und veränderlich ist. Sie ist ein bestimmter ›Modus‹ des Universellen Körpers *(al-jism al-kulli)*. Die Seele andererseits definiert er als das vitale Prinzip, das Tierleben im menschlichen Organismus. Sie ist ein bestimmter ›Modus‹ der Universellen Seele *(al-nafs al-kulliya)*. Und den Geist schließlich definiert er als das rationale Prinzip, dessen Zweck es sei, wahres Wissen zu suchen. Er ist ein ›Modus‹ des Universellen Intellekts *(al-aql al-kulli)*.

Er spricht von drei verschiedenen Aspekten der Seele: dem vegetativen, dem tierischen und dem rationalen. Er behauptet mit Bestimmtheit, dass die vegetative und die tierische Seele der Körper selbst seien. Sie funktionieren durch ihn, und ihre Existenz schlechthin sei von ihm abhängig. Die rationale Seele, sagt er, sei weder mit dem Intellekt noch mit dem Körper identisch, obwohl *der Intellekt eine ihrer untergeordneten ›Kräfte‹ sei* und sie während ihrer Verbindung mit dem Körper durch diesen arbeite. Sie ist unabhängig vom Körper; sie kann tatsächlich von ihm getrennt existieren, so wie sie das tat, bevor sie sich mit ihm ›verband‹, und wie sie es tun wird, nachdem sie sich wieder von ihm getrennt haben wird.

»Ich meine mit dem Geist«, sagt er, »nicht den Nahrung suchenden Instinkt, der in der Leber wohnt, oder jene menschliche Kraft, die empfänglich ist für Wut oder Leidenschaft, oder die lebenserzeugende Kraft im Herzen, gewöhnlich Tierseele genannt, die sich in Empfindungen, Bewegungen und Leidenschaften und so weiter zeigt, sondern ich meine jene vollkommene und einfache Substanz, die lebendig und aktiv ist und deren einzige Aktivitäten darin bestehen, sich zu erinnern, Ideen zu bewahren, zu begreifen, zu unterscheiden und zu reflektieren« (doch er identifiziert sie nicht mit dem Intellekt). »Sie ist fähig, alle Arten von Wissen zu empfangen, und wird nie müde, abstrakte Ideen aufzunehmen. Diese Substanz ist ›Herr‹ aller drei Seelen und Fürst *(amir)* all der Kräfte, die ihr dienen und ihrem Befehl gehorchen.« Und er führt weiter aus: »Sie ist weder ein Körper noch etwas Beliebiges *(arad)*, sie ist eine Substanz, die zur »Welt der Herrschaft« gehört *(al-alam al-amr,* die spirituelle Welt); und die Göttliche Herrschaft ist weder ein Körper noch etwas Beliebiges, sondern eine Macht wie der Erste Intellekt und die Universelle Seele und andere Reine Geister. Sie ist die Wirklichkeit, die ausgedrückt ist im Wort ›Ich‹.«

Der Tod ist keine Zerstörung, sondern eine Auflösung von ›Teilen‹ der so genannten materiellen Form. Alle ›Gestalten‹ (oder Formen) betrachtet Ibn Arabi als nahezu nichts, flüchtige Schatten, mit einer Realität dahinter, die ihr wirkliches Sein ausmacht. Der menschliche Körper ist keine Ausnahme von der Regel. Alle so genannten drei Seelen und der Körper sind letztlich eins. Das Verborgene aber ist vollkommener und verehrungswürdiger als das Manifeste, in diesem Fall die rationale Seele, die diese ehrwürdige Stellung einnimmt, indem sie die verborgene Seite des Menschen ist. Sie ist der ›Teil‹ des Menschen, an den sich Gott richtet, und der, von dem erwartet wird, dass er moralische Verpflichtungen erfüllt.

Im Wesentlichen, so glaubt Ibn Arabi, ist die erkennende Wirklichkeit eins. Er nennt diese das Licht *(al-nur),* ohne das nichts begreifen oder begriffen werden kann. Im Menschen nimmt dieses Licht die Form der rationalen Seele an, die wir bereits erklärt haben. Ibn Arabi besteht auf der Einheit dieses Prinzips (Licht), nicht nur in seinen kosmischen Funktionen als wirkender Verstand oder Geist in allen Bereichen der Denktätigkeit, sondern sogar in jedem individuellen Wesen, in dem es verweilt. Der Mensch hört, fühlt, schmeckt, er denkt, prägt sich ein, stellt sich vor, und vor allem empfängt er Wissen aus der unsichtbaren Welt und so weiter durch Sinne und Fähigkeiten, denen man verschiedene Namen gibt, die aber nach Ibn Arabi im Wesentlichen eins sind: das heißt dieses Licht. «Wenn du Klang begreifst, nennst du dieses begreifende Licht ›Hören‹, und wenn du durch die Augen begreifst, nennst du dies ›Sehen‹; dasselbe gilt für alle anderen Sinne und Fähigkeiten.»

Kurz, Licht ist nach Ibn Arabi alles, wodurch Begreifen geschieht. Mehr noch: Alles, was begriffen wird, muss in einer besonderen Beziehung zum begreifenden Licht stehen, welches Gott ist. Mit anderen Worten: Gott ist alles, was begreift und begriffen wird. Wenn etwas nicht begriffen werden kann durch irgendeinen Geist oder Verstand (nicht notwendigerweise durch einen menschlichen Geist), kann es nicht Wirklichkeit sein. Auf dieser bemerkenswerten Theorie baut Ibn Arabi ohne jede Widersprüchlichkeit seine empirische und seine mystische Psychologie auf, die normale und die ungewöhnliche. Dieses Licht, das Farben und Klänge begreift, Ideen, Formen und Bilder empfängt und so weiter, ist dasselbe wie jenes, das direkt und unmittelbar die Wirklichkeit selbst begreift.

Ibn Arabi bleibt dabei, dass immer noch ein Unterschied bestehe zwischen Intellekt *(al-aql)* und rationaler Seele *(al-ruh)* und zwischen reflektierendem Denken und unmittelbarer Intuition. Doch kann der Unterschied gewiss nicht als endgültig betrachtet werden. Wenn es da überhaupt einen Unterschied gibt, dann besteht er darin, dass das Licht in der mystischen Intuition vollkommen frei ist, während es im verstandesmäßigen Denken vergleichsweise eingeschränkt und in der Sinneswahrnehmung durch die Begrenztheit der Sinne noch mehr gefesselt ist.

Die Sinne nehmen durch die Wirksamkeit des begreifenden Lichtes wahr, das ihr wahres Wesen sowie das Wesen des Wahrgenommenen formt. Wahrnehmungsmäßige Situationen können vom Herzen sogar in Abwesenheit wahrnehmbarer Gegenstände begriffen werden. Es ›sieht‹ sie in sich selbst als Abbilder der ewigen Ideen der Seele.

Konzepte sind der Seele innewohnende Ideen. »Die Seele ist wesensmäßig eine wissende Substanz«, sie wird mit diesen innewohnenden Ideen geboren. Ibn Arabi spricht davon, wie die Seele ihr ewiges Wissen während ihrer zeitlichen Verbindung mit dem Körper vergisst. Das so genannte erworbene Wissen ist Wissen, an das sich die Seele wieder erinnert. Einige Seelen wie die von Propheten und Heiligen vergessen ihr Wissen nie und erfahren nie jene Krankheit *(marad)*, die andere Seelen befällt.

Universelle Ideen gehören zum gemeinsamen Besitz jeder menschlichen Seele. Ibn Arabi betont, dass sie der menschlichen Seele innewohnen. Er führt alles konzeptionelle Wissen, alles Wissen über die äußere Welt einerseits zurück auf eine einfache

Beziehung zwischen der schon wissenden Seele (oder ihren Konzepten) und den Gegenständen der äußeren Welt und andererseits auf einen Prozess des In-Beziehung-Setzens dieser Konzepte zueinander selbst. Um zum Beispiel die Behauptung »ein Körper steht« zu formulieren, müssen wir im Verstand den Begriff »Körper« mit dem des »Stehens« verbinden, die beide unveränderliche Ideen sind. Die Beziehung zwischen ihnen, in ihrer Universalität gesehen, ist ebenfalls ein unveränderliches Konzept. Sogar die spezifische Beziehung, nämlich dass dieser Körper jetzt gerade steht, ist unveränderlich, weil es so von keinem anderen Körper gesagt werden kann, dem es nicht zusteht. Wenn wir sagen, dass die spezifische Beziehung sich doch ändere, da der stehende Körper sich im nächsten Moment bewegen könne, dann würde Ibn Arabi antworten, der Körper sei in eine grundsätzlich neue Beziehung getreten; die vorausgegangene Beziehung habe sich nicht verändert. Es gibt also in allem konzeptionellen Denken vier Ebenen:

1. abstrakte Beziehung *(nisba mutlaqa)*,
2. der Gegenstand, zu dem eine Beziehung hergestellt wird *(al-mansub ilayhi)*,
3. das *darauf* bezogene Attribut *(al-nisba)*,
4. die spezifische Beziehung *(al-nisba al-shakhsiya)*.

Das große Hindernis zu klarem konzeptionellem Denken, sagt Ibn Arabi, sei der Verstand, da er immer begleitet sei von Bildern, die dazu neigen, die Universalität der eben erklärten universellen Konzepte zu begrenzen.

Ibn Arabi unterscheidet zwischen »Wunsch« *(shahwa)* und »Wille« *(irada)*, indem er den Ersteren lediglich als Streben zur Befriedigung des einen oder anderen natürlichen Appetits definiert. Dieses Streben ist gewöhnlich von der Natur seines Objekts bestimmt. Wille andererseits bedeutet für Ibn Arabi eine Göttliche und spirituelle Kraft, deren Objekt niemals etwas Existierendes ist (das heißt ein konkretes Objekt in der äußeren Welt). Wille hat eine wichtige Bedeutung für das, was die Sufis mystisches Verlangen oder Sehnen nach ihrem Geliebten (Gott) nennen. Ibn Farid und Ibn Arabi haben über die Absolute Schönheit und Absolute Vollkommenheit als Ziel (nicht in einem konkreten

Sinn) ihrer Liebe und Betrachtung gesprochen; aber niemand außer einem Mystiker kann vollständig verstehen, was Liebe in Abstraktion oder Kontemplation des Absoluten bedeutet.

Khayal

KHAYAL WIRD VERWENDET, UM EIN ZWISCHENGLIED ZWI-

schen zwei Stadien zu bezeichnen. Er nennt die Blindheit *(al-ama)* illusorisch *(khayal)*, weil sie ein Zwischenstadium zwischen der Absoluten Essenz und der phänomenalen Welt ist. Mentale Bilder sind *khayal,* weil sie ein Zwischenstadium zwischen der spirituellen und der sichtbaren Welt sind. Traume sind *khayal,* weil sie ein Stadium zwischen dem realen und dem phänomenalen Leben sind. Spiegelbilder sind *khayal;* sie sind eine eigene Spezies, weder konkreter Gegenstand noch abstrakte Idee.

Wir müssen achtsam sein, um zu verstehen, was Ibn Arabi über *khayal* sagt; und wir müssen zwischen mindestens zwei Arten unterscheiden:

1. Die psychologische Art, das heißt mentale Bilder, die nur in einem Geist oder Verstand gesehen werden und davon getrennt keine Existenz haben. Hierher gehören Träume, Illusionen und gewöhnliche Bilder des Lebens im Wachzustand.

2. Diejenige, die wir die metaphysische Art nennen könnten.

Die Erste wird von Ibn Arabi in zwei Unterarten eingeteilt:

a) Trennbare *(munfasil),* die auf der Ebene der Vorstellung *(al-hadarat al-khayal)* als äußere Körperlichkeit besitzend gesehen wird, wie die Formen von Gabriel, die Mohammed gesehen hat, und die Schlange, die anstelle von Moses' Stab gesehen wurde. Für Ibn Arabi ist dies eine andere Vorstellung als optische Illusionen (in streng psychologischem Sinn verstanden).

b) Untrennbare *(muttasli)*, womit er gewöhnliche mentale Bilder zu meinen scheint. Diese unterscheidet er in zwei Unterklassen:

i. Bilder, die bewusst in den Geist geholt werden durch den Prozess des *takhayyul*, und

ii. Bilder, die unter gewissen Umständen von selbst ins Bewusstsein aufsteigen, zum Beispiel in Träumen.

Ibn Arabis Theorie des *khayal* ist nicht rein psychologisch. *Khayalat* sind nicht nur geist-abhängige Produkte, die in sich selbst kein Sein besitzen, wie dies ein Psychologe sagen würde. In Ibn Arabis Theorie des Seins (und sogar auch in der von Ghazzali) wird ihnen ein genau bestimmter Platz zugewiesen. Einige *khayalat*, wie die trennbaren, gehören nach Ibn Arabi zur ›Essentiellen Gegenwart‹ *(al-hadarah al-dhatiya)* und sind immer bereit, Bedeutungen *(maani)* und Geister *(arwah)* aufzunehmen. Es sind Formen, in denen sich die Wirklichkeit dem menschlichen Geist oder Verstand offenbart; und Ibn Arabi betrachtet sie sogar als höhere Formen als die der sensitiven Welt.

Es ist nötig, noch einmal an das zu erinnern, was über das innere ›Auge des Herzens‹ *(al-ayn al-basira)* gesagt worden ist, denn es ist nach Ibn Arabi der einzige Schlüssel zur spirituellen Welt, den der Mensch hat. Enthüllungen und Inspirationen, von denen wir bis jetzt gesagt haben, dass sie direkt dem Herzen entspringen, werden dem Mystiker oder Propheten manchmal in Form eines Traumes gegeben. Dies ist dann ein wahrsagender Traum *(al-ruya al-sadiqa)*; doch es gibt auch Träume, die zu einer völlig anderen Klasse gehören.

Ibn Arabi ist der Meinung, dass die Imagination im Wachen wie im Schlafen aktiv ist. Während der wachen Stunden ist diese Fähigkeit durch Sinneseindrücke zu sehr abgelenkt, als dass sie ihre Arbeit richtig ausüben könnte; aber im Schlaf, wenn die Sinne und andere Fähigkeiten ruhen, wird die Imagination ganz wach. Manchmal arbeitet sie mit Bildern im Zusammenhang mit gewöhnlichen Ereignissen aus dem Alltagsleben des Individuums und präsentiert sie dem inneren ›Auge des Herzens‹, welches sie reflektiert und verdeutlicht wie ein Spiegel. So entstehen gewöhnliche Träume. Es sind nur Assoziationen von Ideen und Bildern, die sich mit irgendeinem Wunschobjekt verbinden.

Aber manchmal enthüllt sich der ›Gehütete Tisch‹ (Ibn Arabi meint damit die Universelle Seele) mit all seinen archetypischen Ideen der rationalen Seele des Menschen. Er meint hier, dass sich die rationale Seele des Menschen, die ein Modus der Universellen Seele ist, vor sich selbst enthüllt. Die Imagination nimmt solche Ideen auf und wirkt auf sie sogar in einem solchen Zustand ein. Das Herz (nun in unmittelbarem Kontakt mit der Universellen Seele) wird, sagt Ibn Arabi, wie zu »einem fließenden und unbefleckten Strom, worin sich beleuchtete Gegenstände aller Art spiegeln«. Der Mensch, dem ein solcher Traum enthüllt wird, sieht in diesem Strom nur Spiegelbilder, die Symbole von Wirklichkeiten sind, die hinter ihnen liegen.

Ibn Arabi ist der Ansicht, dass solche Träume, obwohl sie weissagenden Charakter haben, interpretiert werden müssen, da sie symbolisch sind. Es ist die Vorstellungskraft, die die Symbole liefert, und wir dürfen Symbole nicht für Wirklichkeiten halten. Als der Prophet in einem Traum Milch sah, sah er ein Symbol. Die Wirklichkeit dahinter war Wissen.

Ibn Arabi weist uns noch auf eine andere Art von weissagendem Traum hin, in dem es keine Symbole gibt. Hier mischt sich die Vorstellungskraft nicht ein. Das Herz spiegelt unmittelbar die spirituellen Eindrücke (*maani ghaybiya*, Bedeutungen aus dem Unerkennbaren), bevor die Vorstellungskraft irgendeine symbolische Bedeutung in sie legen kann. Träume dieser Art brauchen keine Interpretation. Sie sind Offenbarungen des Wirklichen selbst, und sie entsprechen in jeder Einzelheit dem, was (später) in der äußeren Welt geschehen wird. Zu diesen Träumen gehören einige Arten der Offenbarungen *(wahy)* und Inspirationen *(ilham)*, die der individuellen Seele direkt entspringen.

Gnostiker erschaffen mit einer geheimnisvollen Kraft, Ibn Arabi nennt sie spiritueller Wille *(himma)*, die in der äußeren Welt Veränderungen bewirken und Dinge erschaffen kann, wo immer sie konzentriert wird.

Um zu verstehen, was Ibn Arabi mit *khayal* meint, ist zuerst notwendig, das zu verstehen, was er die Fünf Präsenzen *(hadarat al-khamsa)* der Göttlichen Entfaltung nennt. Die Präsenz des Zeugeseins und der Sinne *(hadarah al-shahad)* sieht er als Entfaltung aus der höheren Präsenz der Ähnlichkeiten *(hadarah al-mithal)*, die man oft als Präsenz der Engel bezeichnet *(hadarah al-malakut)*, die wiederum eine Entfaltung aus der Präsenz des Zwingenden *(hadarah al-jabarut)* ist, die eine Entfaltung aus der Präsenz des Unerkennbaren *(hadarah al-ghayb)* ist. Die fünfte *hadarah* ist die des Vollständigen Menschen, die alles andere umfasst.

Sobald man einmal die Bedeutung dieser *hadarat* erfasst hat, werden viele unklare Punkte von Ibn Arabis Theorie einsichtiger. *Nichts wird wirklich neu erschaffen, weder von Gott noch vom Menschen; aber man kann sagen, dass Dinge auf der einen oder anderen Ebene der Fünf Präsenzen von Gott erhalten werden.*

Das Erschaffene also im Sinne des Erhaltens dessen, was in der einen oder anderen oder allen *hadarat* bereits existiert, können wir dem Menschen zuordnen. Das Herz des Menschen (des Vollständigen Menschen) ist ein Zentrum für all die Göttlichen Aktivitäten. Es reflektiert wie ein Spiegel all die Formen, in denen sich die Wirklichkeit offenbart. Indem sich der Mystiker in einer oder mehreren *hadarat* mittels *himma* (das eine Kraft des Herzens ist) auf die Form von irgendetwas konzentriert, hat er darüber vollkommene Kontrolle, und durch diese Kontrolle wird der Gegenstand in der einen oder anderen *hadarah* erhalten, solange die Konzentration von *himma* erhalten wird.

Der Unterschied zwischen der Schöpfung Gottes und der des Menschen (des Vollständigen Menschen) besteht nach dieser Theorie darin, dass Gottes ›Schöpfungen‹ zu allen Zeiten und in allen *hadarat* erhalten bleiben, weil Gott Seine ›Schöpfungen‹ niemals vergisst! Während jene des Menschen nur zum einen oder anderen Zeitpunkt und in der einen oder anderen *hadarah* erhalten bleiben, und nie in allen *hadarat*. Sobald der Mensch seine ›Schöpfungen‹ vergisst, verschwinden sie aus den *hadarat*, die der Mensch vergessen hat, nicht aber aus der Existenz überhaupt, denn nichts verschwindet aus der Existenz. Es ist nicht so, als ob man mentale Bilder ins Bewusstsein ruft und sie dort behält. Es ist das ›Erhalten‹ dessen, was jenseits des Ortes von *himma* Existenz hat. Ibn Arabi sagt, dass der Gnostiker, obwohl er diese geheimnisvolle Kraft namens *himma* hat und fähig ist, sie auszusenden *(tasarruf)*, als wahrer Gnostiker aus zwei Gründen davon absehen würde, sie auszuüben:

1. Er ist sich seiner Stellung als Diener Gottes *(abd)* bewusst und zieht es daher vor, die Schöpfung seinem Herrn zu überlassen, und

2. er weiß, dass der, der aussendet, und der, der empfängt, im Wesentlichen eins sind. Ibn Arabi erwähnt, dass die beiden Scheichs Abu Su'ud Ibn Shibl und Abu Madyan zu dieser Sorte von Mystikern gehörten, die sich mit Geringschätzung von *tasarruf* abwandten. Aber ein Sufi mag sein *tasarruf* ausüben, ergänzt Ibn Arabi, wenn Gott ihn bittet, dies zu tun. So geschah es bei Abdul Qadir al-Gilani.

Fana und *baqa*

DER MYSTIKER WIRD NICHT ZU GOTT, DENN ES GIBT KEIN

Werden. Er ist grundsätzlich eins mit Gott, wie es alles andere auch ist. Was der Mystiker weiß, erlebt er hier. Das Göttliche ist schon da: Du bist es – es ist nicht einmal ein Element in deiner Natur, wie Hallaj es nennt, sondern ein Aspekt. Ibn Arabi weist die Idee zurück, dass ein Mystiker für sein eigenes ›Selbst‹ absterbe oder Gott werde. Er kann über Menschen, die solche Behauptungen aufstellen, nicht abschätzig genug werden.

Nach Ibn Arabi kann *fana* zwei Bedeutungen haben:

1. *Fana* in einem mystischen Sinn, womit er das ›Sterben‹ der Unwissenheit und das ›Verbleiben‹ *(baqa)* des untrüglichen (durch Intuition erlangten) Wissens um das essentielle Einssein des Ganzen meint. Der Mystiker stirbt nicht für sein ›Selbst‹, er realisiert dessen essentielle Nicht-Existenz als Form.

2. *Fana* in einem metaphysischen Sinn, womit er das ›Sterben‹ der Formen der Erscheinungswelt und das Weiterbestehen der Einen Universellen Substanz meint. Dies ist, wie Herr Winfield[1] darlegt, der ewige Prozess

---

[1]. E.H. Winfield veröffentlichte 1898 eine englische Übersetzung von Jalaluddin Rumis Hauptwerk *Mathnawi* (Anmerkung des Herausgebers).

von »Erscheinungen, welche im Universellen Noumenon konstant vernichtet werden«: die neue Schöpfung *(al-khalq al-jadid)*, die vorher erklärt wurde. In Ibn Arabis eigenen Worten zusammengefasst: «Das Verschwinden einer Form ist ihr *fana* im Moment der Manifestation *(tajalli)* Gottes in einer anderen Form.»

Das mystische *fana*, sagt er, ist unvollkommen. Der Mystiker erkennt, dass er als Form keine Existenz per se hat, jedoch kann er wegen der Natur der Form ihr gegenüber nicht vollständig erlöschen. Wie könnte es, fragt er, sogar für einen Mystiker möglich sein, für sich selbst zu sterben und sich gleichzeitig Gottes als allumfassende Wirklichkeit bewusst zu sein? Bewusstsein bedeutet Weiterbestehen des ›Selbst‹.

Ibn Arabi unterscheidet grundsätzlich zwischen zwei mystischen Zuständen, von denen er glaubt, dass sie von anderen Mystikern durcheinander gebracht wurden:

1. Das Erlöschen gegenüber allen Spuren und Charakteristiken des ›Selbst‹ oder der Persönlichkeit. Dieser Zustand ist dem Schlaf ähnlich. »Der Mystiker ist weder bei seinem ›Selbst‹ noch bei seinem Herrn: er schläft, er ist unwissend.«

2. Das Erlöschen des ›Selbst‹ in einem Zustand intuitiven Wissens, in dem die essentielle Einheit des Ganzen offenbart wird. Dies ist der Aspekt mystischer Erfahrung, den Ibn Arabi betont. Es ist unfehlbares Wissen, das Ibn Arabi sucht. Zu behaupten, ich sei Gott geworden oder für das ›Selbst‹ gestorben in irgendeinem wirklichen Sinn, ist Unwissenheit, und sein ›Selbst‹ allein in einer mystischen Erfahrung zu sehen, ist Polytheismus. So ist der perfekte Mystiker der, der Gott und das ›Selbst‹ in der mystischen Erfahrung sieht durch mystisches Wissen und Fühlen. Der vollkommene Mystiker ist also der, der sowohl die Essenz wie die Form erkennt, der aber auch ihre essentielle Einheit und die absolute Nicht-Existenz der Form erkennt. Die Einzelseele, die das Eine als sich selbst oder in sich selbst kontempliert, hat das Eine nie verlassen.

Nach Ibn Arabi ist *fana* ein gradueller Prozess mit verschiedenen Stufen (man geht nicht unbedingt durch alle), in dem der Mystiker durch Intuition (*dhawq* – Geschmack) seinen wirklichen Platz in der Beziehung zu Gott erkennt. Einige dieser Stufen sind folgende:

1. Das Erlöschen gegenüber allen möglichen Handlungen. In diesem Zustand realisiert der Mystiker, dass Gott allein das Absolute und das einzige Agens im Universum ist. Das wirkliche Agens ist Gott selbst.

2. Das Erlöschen gegenüber seiner eigenen Persönlichkeit *(dhat)*, womit er meint, dass der Mystiker in einem solchen Zustand die Nicht-Existenz seines phänomenalen ›Selbsts‹ und das Weiterbestehen *(baqa)* der unveränderlichen, unvergänglichen Substanz erkennt, die seine Essenz ist.

3. Das Erlöschen gegenüber der ganzen Welt, also aufzuhören, die Erscheinungsaspekte der Welt zu kontemplieren, und den wirklichen Aspekt zu erkennen, der dem Phänomenalen zugrunde liegt.

4. Das Erlöschen gegenüber allem, was ›anders als Gott‹ ist, sogar gegenüber dem Akt des Erlöschens selbst. Es ist eine Bedingung dieses Stadiums, dass der Mystiker aufhören muss, sich seiner selbst als Kontemplierendem bewusst zu sein. Es ist Gott selbst, Der kontempliert und kontempliert wird. Er wird in jedem Seiner unendlichen ›Zustände‹ *(shu'un)*, das heißt Manifestationen, gesehen.

5. Das Erlöschen gegenüber allen Eigenschaften Gottes und deren ›Beziehungen‹, also das Kontemplieren Gottes als der Essenz des Universums, statt als dessen ›Ursache‹, wie die Philosophen sagen. Der Mystiker sieht dann das Universum nicht als Wirkung einer Ursache, sondern als ›eine Wirklichkeit in Erscheinung‹ *(haqq fj zahir)*. Er erkennt die Bedeutungslosigkeit von

Kausalität und solcher Heiliger Namen wie der Schöpfer, der Gestalter, der Geber und so weiter. Dieses letzte Stadium ist das Ziel und wird von Ibn Arabi die Station der absoluten Transzendenz der Einheit genannt.

In jedem der so genannten mystischen Stadien von *fana* wird vom Mystiker die essentielle Einheit des Seins erkannt. Jedem Stadium von *fana* entspricht ein Stadium von *baqa* (Übrigbleiben): Was erlischt, ist das Erscheinende, was bleibt, ist das Wirkliche. Das letzte Ziel von Ibn Arabis Mystizismus ist das Erlangen dessen, was er ›wahres Wissen‹ nennt.

Fana und *baqa* sind zwei sich ergänzende Aspekte derselben Erfahrung, in der ›gesehen‹ wird, dass das Wirkliche bleibt und das Phänomenale erlischt. *Fana* ist charakteristisch für alles, was ›nicht Gott‹ ist, *baqa* für Gott allein. In jedem dieser Stadien wird einer der Schleier entfernt – das heißt einer der Charakteristiken der so genannten phänomenalen Welt, wie wir sie kennen, alles, was anders als Gott genannt wird –, und der Mystiker wird einen Schritt näher zu Wahrheit gebracht. Wenn alle ›Schleier‹ gelüftet sind, erscheint die Wirklichkeit in ihrer absoluten Nacktheit, und die absolute Freiheit der Seele ist erreicht. Vom Mystiker wird dann gesagt, er habe sein Ziel erreicht *(wasala)*, wo seine Glückseligkeit liege. Dieses Ziel ist nicht Gott; denn wie kann es Gott sein, sagt Ibn Arabi, wenn Er selbst Der ist, Der das Ziel erreicht hat?

Das überwältigende Glück des Mystikers liegt in der durch mystische Intuition erlangten Erkenntnis seiner essentiellen Einheit mit Gott. Was für ihn das Wissen der Gewissheit *(ilm al-yaqi)* war, ist nun die eigentliche ›Schau‹ oder Vision der Gewissheit *(ayn al-yaqi)*. Und wenn er die Stufe der Dualität zwischen dem Erkennenden und dem Erkannten transzendiert, erreicht er das höchste Stadium des mystischen Lebens, in dem er von Angesicht zu Angesicht der Wirklichkeit der Gewissheit *(haqq al-yaqi)* begegnet.

Glaubenssysteme

AUF DREI WEGEN WIRD GLAUBEN IN BEZUG AUF GOTT GE-
bildet:

1. der Weg dessen, der einem Propheten folgt,
2. der Weg des Philosophen und Freidenkers,
3. der Weg des Gnostikers *(al-arif)*.

Der Gläubige oder Jünger gestaltet seine Überzeugungen nach der Art seines Propheten. Der Denker gründet seine auf die Vernunft. Der Gnostiker, von dem man sagen könnte, er habe keinen definierten Glauben wie die anderen, wird durch seine unmittelbare Wahrnehmung (*dhawq*, Geschmack) der Wahrheit geführt. Jeder von ihnen hat ein Konzept, in dem er seinen Gott findet, »und jeder wird, wenn die Wahrheit in der nächsten Welt enthüllt wird, das Objekt seines Glaubens (also seinen Gott) im unendlichen Sein erkennen, das dann in all den Formen von Glauben erscheinen wird.« Erst dann werden sie die Bedeutung ihrer Überzeugungen voll verstehen, wenn sie eine unmittelbare ›Vision‹ von der Realität bekommen, wie sie wirklich ist. Erst dann werden wir selbst mit völliger Klarheit, die nie getrübt sein wird, das eine Objekt sehen, das sich im unendlichen Spiegel unseres Glaubens reflektiert, und wissen, was die Bedeutung von Gottes Essenz *(huwiyah)* ist. Wer glaubt, dass Gott auf irgendeine bestimmte Form beschränkt sei, wird Ihn in dieser bestimmten Form und in keiner anderen erkennen; und Menschen wie die Mutaziliten, die an die Erfüllung Seiner Drohungen glauben, werden Ihn nicht in Seiner absoluten Barmherzigkeit erkennen, welche alle Dinge umfasst, und so weiter. Nur Gnostiker, sagt Ibn Arabi, werden Ihn in allen Formen des Glaubens erkennen, in denen Er Sich offenbaren wird, wie sie Ihn jetzt in allen Seinen Manifestationen erkennen, denn die Gnostiker sind die *hayula* [Prototypen] jeden Glaubens.

Die Formen von Gottesglauben variieren je nach der Natur der Objekte dieser Glaubensformen; aber jeder Glauben, der Gott Seiner absoluten Universalität beraubt oder Seine ganze Natur als sowohl transzendente wie immanente Wirklichkeit ungenügend darstellt, ist partiell und unvollkommen. Einen Stern oder einen Baum anzubeten, heißt, einen Gott anzubeten, der nur eine partielle Manifestation der Wirklichkeit Gottes ist; Ihn aber in all Seinen Formen anzubeten, heißt, Allah anzubeten, Der das einzig wahre Objekt der Anbetung ist. Alle anderen Götter sind ›für den Intellekt erkennbare Glaubensobjekte‹. Wir erschaffen sie in unserem Verstand oder Geist. Jeder hat in seinem Glauben recht, unabhängig davon, wie partiell er sei, irrt aber mit der Behauptung, dass das Objekt seines Glaubens Allah sei (wenn dem nicht so ist).

Die Gnostiker allein beten den wahren Gott an, dessen Name (Allah) der universellste aller Göttlichen Namen ist. Sie werden die ›Anbeter der Zeit‹ genannt *(ubbad al-waqt)*, denn sie beten Gott in jedem Moment der Zeit in einer neuen Manifestation an. Ihre Position ist speziell: Sie kombinieren den Glauben des Philosophen, der die reine Transzendenz Gottes behauptet, mit dem des Polytheisten, der reine Immanenz behauptet; denn weder Transzendenz allein noch Immanenz allein erklären die ganze Natur der Realität. Immanenz allein führt zu einer Form des Polytheismus, was Ibn Arabi ablehnt; und Transzendenz allein führt zur Dualität zwischen Gott und dem Universum, was er ebenfalls zurückweist. Die einzige Religion, die ihm bleibt, ist die universelle Religion, die alle Religionen umfasst: nämlich der Islam. Er ist nicht nur Mohammeds Religion, sondern die Verkörperung aller Religionen und Glaubensrichtungen.

Ibn Arabi unterstreicht, dass Liebe die Basis jeder Form der Anbetung sei und dass die einzig wahre Form der Anbetung Liebe sei. Anbeten heißt, das angebetete Objekt zu lieben. Doch ›Liebe‹ ist ein Prinzip, das alle Wesen durchdringt und sie verbindet. Sie ist universell, obwohl sie in einer Vielzahl von Formen erscheint. Essentiell ist sie eine Einheit, die Göttliche Essenz selbst. Darum ist die Liebe das höchste und wahrste Objekt der Anbetung, die höchste Manifestation *(majla)*, in der Gott angebetet wird. *»Ich schwöre bei der Realität der Liebe, dass Liebe die Ursache aller Liebe ist. Gäbe es nicht die Liebe, die im Herzen wohnt, die Liebe (Gott) würde nicht angebetet.«*

Der Glauben der Menschen ist bestimmt von und verändert sich nach ihrer eigenen Neigung *(istidad)*. Dies ist gemäß Ibn Arabi, was Junayd meinte, als er sagte: »Die Farbe des Wassers ist die Farbe des Gefäßes, das es enthält.« Die Rolle Gottes hierbei ist die eines allwissenden Wesens, das aus der Ewigkeit weiß, was jeder individuelle Glauben sein wird. Doch auch Sein Wissen ist bestimmt durch die Natur der Glaubenssysteme und der Menschen, die diese hegen. Den koranischen Vers »Wahrlich, Gott ist nicht ungerecht zu Seinen Dienern« kommentierend, sagt Ibn

Arabi: »Ich (Gott) habe den Polytheismus, der sie zum Elend verurteilt, nicht angeordnet und dann etwas von ihnen verlangt, dessen Ausführung nicht in ihrer Macht läge. Nein, Ich handelte mit ihnen nur so, wie Ich sie kannte, und Ich kannte sie nur durch das, was sie Mir von sich selbst ›gaben‹ von dem, was sie wirklich sind. Wenn daher etwas falsch ist, sind sie die Fehlerhaften. Ich sage ihnen nichts als was Meine Essenz Mir verfügte, ihnen zu sagen; und Meine Essenz ist Mir bekannt als das, was sie ist (...) Es ist an Mir zu sagen, und es ist an ihnen zu gehorchen.«

Das eigentliche Ziel ist die Realisierung der essentiellen Einheit der Einen Wirklichkeit, die das Alles ist, und das vollständige Erkennen des Prinzips der Liebe – denn Gott ist Liebe –, die das Ganze durchdringt und verbindet. In dieser ›Religion‹ ist Gott unpersönlich; doch diejenigen die unfähig sind, sich Ihn auf solche Art vorzustellen, können Ihn in jeder Form anbeten, die sie möchten, solange sie wissen, was das wirkliche Objekt ihrer Anbetung ist. *Den Wirklichen Gott anzubeten, heißt, Ihn in allem zu kontemplieren, einschließlich in dir selbst.*

Gut und Böse

ES IST RICHTIG, WENN WIR SAGEN, WIR SEIEN VERANTWORTlich; und es ist auch richtig zu sagen, Gott sei verantwortlich – aber wir müssen uns immer an den Standpunkt erinnern. Gott will nicht in dem Sinne, dass Er wählt, sondern dass Er das verfügt, von dem Er weiß, dass es sein wird. Dass die Sache oder Handlung stattfindet, die Gott beschlossen hat, hängt völlig von ihren eigenen notwendigen Gesetzen ab. Logischerweise, argumentiert Ibn Arabi, könnte eine ›mögliche‹ Sache oder Handlung die eine oder andere von vielen Alternativen sein, doch eigentlich ist es nur eine: die, von der Gott weiß, dass sie sein wird. Es ist für Gott nicht möglich, etwas zu wollen, was nicht in der Natur der Dinge liegt. Die inneren Gesetze des Menschen sind der entscheidende Faktor in allem, was er tut, sei es gut oder schlecht.

Böses ist für Ibn Arabi *keine positive Qualität.* Reines Böses ist dasselbe wie reines Nicht-Sein und reine Finsternis, und reines Gutes ist reines Sein und reines Licht. Nach ihm und Suhrawardi al Muqtul ist der Unterschied zwischen ›Licht‹ und ›Dunkel‹ nicht der einer Gegensätzlichkeit, sondern der zwischen Existenz und Nicht-Existenz. Ibn Arabi beispielsweise schließt Dinge wie physischen Schmerz, Krankheit, tierische Grausamkeit und so weiter in das ein, was er böse nennt. Für ihn ist alles Böse relativ, sei es ethischer Art oder anderer. Es gibt nichts, das in sich selbst böse ist, und Gott schafft nichts Böses. Dinge oder Handlungen werden aus dem einen oder anderen der folgenden Gründen böse genannt:

1. weil die eine oder andere Religion sie als solches ansehen;

2. weil sie relativ zu einem bestimmten ethischen Prinzip oder üblichen Standard einer Gemeinschaft nicht akzeptiert sind;

3. weil sie mit einem individuellen Temperament nicht übereinstimmen;

4. weil sie irgendwelche natürlichen, moralischen oder intellektuellen Wünsche eines Individuums nicht befriedigen und so weiter.

Neben diesen oder anderen ähnlichen Normen, mit denen wir messen, wie gut oder schlecht etwas sei, gebe es nichts, sagt Ibn Arabi, außer der baren Essenz der Dinge *(ayn al-mawjudat),* die wir nicht als gut oder schlecht bezeichnen können.

Zusätzlich zu dem, was wir schon in Ibn Arabis Kategorie des Bösen erwähnt haben, können wir noch Unwissenheit, Falschheit, Disharmonie, Unordnung, Sünde, Untreue, unverträgliche Launen und so weiter hinzufügen. In all dem fehlt etwas: ein positives Sein oder eine Qualität, die, wenn wir sie beifügten, als schlecht betrachtete Dinge oder Handlungen in gute umwandelten. Nichts ist böse. Alles, was *ist,* ist gut. Mit anderen Worten: Was wir »schlecht« nennen, ist subjektiv, keine objektive Realität. Sogar das Gute als Gegensatz zum Schlechten ist subjektiv und relativ. Das einzig Gute, das absolut ist, ist das Reine Sein (Gott, das Gute).

Unsere Urteile über Güte oder Schlechtigkeit entsprechen unserem Wissen. Wir nennen etwas »schlecht« wegen unseres Unwissens über das Gute, das darin enthalten ist. »Alles,« sagt er, »hat einen äußeren und einen inneren Aspekt. In seinem inneren

Aspekt liegt die Absicht des Schöpfers, und wenn wir diese nicht erkennen, sind wir geneigt, eine solche Sache ›schlecht‹ zu nennen.«

Ibn Arabi nimmt die Medizin als Beispiel für das, was er sagen möchte. Hier ist ein Fall von etwas offensichtlich Schlechtem (zum Beispiel Unannehmlichkeit wegen des schlechten Geschmacks eines widerlichen Medikaments) und von etwas objektiv Gutem, von dem der Patient, der das Medikament als schlecht verdammt, vielleicht nichts weiß. Etwas wie diese Medizin wird also aus zwei Gründen für schlecht gehalten, und in beiden ist es relativ:

1. Es fehlt ihr eine positive Qualität, wodurch sie dem Geschmack des Patienten zuwider ist, der sie als schlecht ansieht.

2. Sie wird, da der Patient vom Guten in ihr nichts weiß, im subjektiven Wissen als schlecht betrachtet.

In sich selbst ist die Medizin weder gut noch schlecht, und dasselbe gilt für alles Gute und Schlechte. Ibn Arabi sagt, dass schlussendlich das Gute und das Schlechte von Gott kommt. Um es in anderen Worten auszudrücken: Alle Dinge sind Manifestationen Gottes, und alle Handlungen sind Seine Handlungen; nur wir nennen einige davon »gut«, andere »schlecht«. Die Gnade Gottes wird in allen Dingen und Handlungen offenbart, denn es ist Seine Gnade, dass alles ins Sein kam.

Ibn Arabi unterscheidet zwischen zwei Arten des Göttlichen Willens:

1. Das *mashia,* mit dem er etwas wie das Göttliche Bewusstsein meint, das in allen Dingen enthalten ist, die ewige Macht Gottes, die verfügt, dass die Dinge (potenzielle oder aktuelle) sein sollen, was sie sind. Ibn Arabi meint mit *mashia* die Göttliche Essenz selbst. Er nennt sie Sein oder Gott *(al-wujud)* und anerkennt, dass Abu Talib al-Makki sie Thron der Essenz *(al-arsh al-dhat)* nennt.

2. Der kreative Wille *(irada),* womit er eine Macht meint, durch die Gott etwas potenziell Existierendes in die äußere Manifestation bringt.

»Sünde ist Ungehorsam, nicht gegenüber dem Göttlichen Willen, nicht in Bezug auf den schöpferischen Befehl Gottes *(al-amr al-takwini)*, sondern gegenüber dem mittelbaren religiösen Befehl *(al-amr bil-wasitah* oder *al-amr al-taklifi)*.« Nach Ibn Arabis Ansicht wie nach der Hallaj's ist dieser Göttliche Befehl *(amr)* nicht ein wirklicher Befehl, sondern eine Prüfung *(ibtila)*, wie sie es nennen. Es wäre gegen Gottes Weisheit, hätte Er nicht Dinge erschaffen, die wir »böse« nennen, und Handlungen verfügt, die wir »Sünde« nennen. Die Welt wäre nicht vollkommen oder perfekt, denn es ist Teil der Vollkommenheit der Welt, dass sie das einschließt, was wir Unvollkommenheit nennen. Gottes vollkommene Perfektionen wären nicht manifestiert worden. Die manifestierte Welt ist die relative Welt, und in einem relativen Zustand haben ›das Mehr‹ oder ›das Weniger‹ die Natur des relativen Zustandes. Er sagt weiter, dass uns zu akzeptieren auferlegt sei, nicht was Gott beschlossen habe *(al-maqdi bihi)*, sondern den Beschluss selbst *(al-qada)*. »Ein Gebet um Hinwegnahme des Bösem sollte an Gott gerichtet werden«, sagt Ibn Arabi. »Es ziemt sich für jemanden, der Schmerzen hat, zu Gott zu beten, dass Er sie wegnähme; denn wenn Er dies tut, nimmt Gott sie von Sich selbst weg.« Der Versuch, sich der Klage an Gott zu enthalten, wenn man Schmerzen hat, argumentiert Ibn Arabi, sei Trotz gegen das Schicksal, und dies sei Ignoranz.

Dies ist im Überblick Ibn Arabis Ethik. Der Angelpunkt, um den sich alles dreht, ist die Selbstrealisierung. Alles und jede Aktion hat ein endgültiges Ziel, das erreicht werden muss, und das ist, sich selbst zu verwirklichen. Dadurch wird die eine oder andere der unendlichen Perfektionen Gottes realisiert, die die von Ethik oder Religion so genannten Unvollkommenheiten einschließen.

Seine Vorstellungen von Himmel und Hölle sind vor allem »allegorische Darstellungen von Zuständen« und »Verkörperlichungen von Ideen«. »Was wir von der Tradition lernen«, sagt er, »sind nichts als Worte, und es ist uns überlassen herauszufinden, was solche Worte bedeuten.« »Paradies« kommt vom Verb *janna*, verbergen; und das *janna* von allem ist die Göttliche Essenz, in der alle Vielfalt ›verborgen‹ sein wird. Hölle *(jahannam)* bedeutet Distanz oder Entferntheit *(bud)*. Und die wirkliche Hölle liegt in der Einbildung, dass es eine wirkliche Kluft zwischen dir und Gott gebe, und darin, deine essentielle Einheit mit Ihm nicht zu erkennen.

Den ›Tag des Kummers‹ *(yawm al-hasra)* versteht er als den ›Tag der Entschleierung‹ (von *hasra*, entschleiern), das heißt der Tag, an dem die Eine Essenz in Ihrer absoluten Universalität enthüllt werden wird. Himmel und Hölle sind zwei subjektive Zustände. Die Hölle ist Selbstheit; der Himmel andererseits ist die Verwirklichung des Göttlichen Aspektes seines Seins. Über das Leben nach dem Tod hat Ibn Arabi keinen Zweifel, denn nach ihm ist Leben fortdauernd und ohne Ende. Es gibt nur Ein Sein in der Existenz, und also gibt es nur ein Leben. »Obwohl die Verdammten«, sagt Ibn Arabi, »in den Bereich des Elends kommen, werden sie dort ein Glück erfahren, das anders ist als das im Paradies.« Die einzige Qual, die sie erleiden werden, ist eine negative. Sie werden für eine bestimmte Zeit des größten Glücks beraubt, nämlich der Erkenntnis ihrer untrennbaren Einheit mit Gott. Das Eine, von dem alle Dinge kommen, ist das Eine, zu dem sie alle zurückkehren werden. Wenn wir zu dem Einen zurückkehren, werden wir die Wahrheit oder Falschheit unseres Glaubens erkennen, und unsere Position zu Ihm wird vollkommen durch die Natur solchen Glaubens bestimmt sein. Nur die Gnostiker werden in direktem Kontakt mit Ihm sein, und dies wird das größte Glück im Himmel auslösen. Die Seelen in der spirituellen Welt werden eine essentielle Einheit sein, doch einen Grad von Bewusstsein bewahren, der es ihnen ermöglichen wird, ihre verschiedenen Grade spirituellen Glücks zu genießen.

Liebe und Schönheit

DAS EINE IST DAS ALL-UMFASSENDE SEIN, DIE LETZTGÜLTIGE Grundlage aller Existenz. Es wird mit dem all-aktiven und dem all-wollenden Prinzip identifiziert. Es ist das alles durchdringende Bewusstsein, dieselbe Wirklichkeit wie die all-überragende Liebe und Schönheit.

Der grundlegende Faktor all dieser Manifestationen der Einen Wirklichkeit ist, nach Ibn Arabi, die Göttliche Liebe. Er erkennt drei Arten von Liebe: natürliche Liebe, spirituelle Liebe und Göttliche Liebe. Die ersten Zwei sind Arten der Dritten. Göttliche Liebe bedeutet die essentielle Liebe des Einen, die ewige Liebe, die die Quelle aller anderen Arten ist. Vor jeder Form von Modalisierung liebte der Eine in Seiner höchsten Isolation und Einfachheit Sich selbst für und in Sich selbst und sehnte Sich danach, erkannt und manifestiert zu werden. Dies war die Ursache der Schöpfung. Indem Er Sich selbst liebte, liebte der Eine all die *ayan* der Dinge, die in Seiner Essenz latent waren; und so sind sie von Liebe durchdrungen, die sie nun auf verschiedene Weisen manifestieren. »Die Liebe der *ayan* begann«, sagt Ibn Arabi, »als sie immer noch in der Blindheit *(al-ama)* waren, als sie zum ersten Mal Gottes schöpferisches Wort (Sei!) hörten.«

Spirituelle Liebe bedeutet mystische Liebe, deren eigentliches Ziel die Verwirklichung der essentiellen Einheit des Liebenden und des Geliebten ist. Indem sie sich wieder findet, verwirklicht die Göttliche Liebe ihre Wesensverwandtschaft als eine ›Form‹ mit der Universellen Liebe des Ganzen. Dies ist die vollkommenste Art der Liebe. Es ist die Liebe des Ganzen als Ganzes (als eine Essenz) und als ein Teil (als ein spezieller Modus der Essenz). Es ist das, was die Sufis mit Entrückung *(hayaman)* meinen. Ibn Arabi sagt, dass das endgültige Ziel der Liebe das Erkennen der Wirklichkeit der Liebe sei und dass die Wirklichkeit der Liebe identisch mit Gottes Essenz sei. Liebe ist nicht eine abstrakte Qualität, die der Essenz beigefügt wird. Sie ist keine Beziehung zwischen einem Liebenden und dem geliebten Objekt. Es ist die wahre Liebe der Gnostiker, die kein spezielles Objekt der Liebe kennen. Es sind die Profanen, die die Formen lieben. Nichts ist geliebt außer Gott, so wie nichts außer Ihm angebetet wird. Wenn wir sagen, dass wir X, Y oder Z lieben, meinen wir in Wirklichkeit, dass wir Gott in den Formen von X, Y oder Z lieben; und es ist Unwissenheit zu sagen, dass wir X, Y oder Z selbst liebten, wie es Unwissenheit ist zu sagen, dass wir X, Y oder Z anbeteten. Wenn wir sagen, dass wir Gott oder irgendetwas anderes lieben, meinen wir damit, dass Gott Sich selbst in uns oder in irgendeiner anderen Form liebt.

Die dritte Art der Liebe ist die natürliche Liebe, deren Ziel, unabhängig vom geliebten Objekt, die Selbst-Befriedigung ist. In der spirituellen Liebe werden das ›Selbst‹ und alle Wünsche und Begehren im Interesse des Geliebten geopfert. In der natürlichen Liebe wird das Objekt geopfert. Ibn Arabi schließt in diese natürliche Liebe das ein, was er elementare Liebe *(al-hubb al-unsuri)* nennt, unter die alle physischen, psychologischen und sogar mechanischen Anziehungen gefasst werden können. Auch dies sieht er als Manifestation der Göttlichen Liebe in ihrer niedrigsten und rohesten Form.

Nach Ibn Arabi ist Liebe kein Selbstzweck; Sie hat keinen eigenen inneren Wert. *Der Grund und die Ursache aller Liebe ist Schönheit.* Wir lieben Gott, weil Gott schön ist; und Er liebt uns und Seine ganze Schöpfung, weil Er das Schöne liebt. Gottes Schönheit ist die Quelle aller Schönheit. Sie ist die Quelle aller spirituellen und intellektuellen Schönheit wie der Schönheit der Form, obwohl Gottes Schönheit jenseits aller Form oder Gestalt ist. Gott liebt die Schönheit der Form, weil die Form Seine eigene Schönheit spiegelt, wie sie Sein Sein spiegelt. In der abstrakten Schönheit wie in der Schönheit der Form sollte Gott deshalb geliebt und angebetet werden, und dies ist, wie ein perfekter Gnostiker Ihn kennt, Ihn liebt und Ihn anbetet.

Liebe ist die Ursache der Schöpfung (oder Selbst-Manifestation des Einen in Seinen unendlichen Formen), aber sie ist auch der Grund der Rückkehr aller Manifestationen zum Einen. »Sagt nicht Gott«, fragt Ibn Arabi, »Oh David, Meine Sehnsucht nach ihnen ist größer als ihre Sehnsucht nach Mir‹?« Liebe ist das wirkende Prinzip in allen Manifestationen des Einen vom Höchsten bis zum Niedrigsten. Sie erreicht ihren Zenit im Menschen, im Vollständigen Menschen, der vor aller Schöpfung alle drei Weisen der Liebe erfährt. Durch die Liebe wird das Ganze verbunden, wodurch das Objekt der Schöpfung verwirklicht wird. Damit ist das ganze System perfekt und vollständig.

Wer sich selbst kennt...

Das *Buch der Antworten (Kitab al-Ajwibah)*
– es wird auch das *Buch A (Kitab al-Alif)* genannt –
des gelehrten Imam,
des Starken des Zeitalters, des größten Scheichs,
Muhyiddin Abu Abdallah Muhammadi Ibn Ali Ibn Arabi,
al-Tai, al-Hatimi, al-Andalusi
(möge Gott sein erhabenes Geheimnis
heiligen)

Aus der *Abhandlung vom Sein*
(Risalat al-Wudjudiyah)

Einführung von Stefan Bommer

»WISSEN WIRD NICHT ERWORBEN, WISSEN WIRD GESCHENKT.«

So lautet ein bekannter Spruch der Sufi-Tradition. Sicher ist es von großem Nutzen, sich an diesen Spruch zu erinnern, wenn wir uns einen Text von Muhyiddin Ibn Arabi zum Studium vornehmen. Es ist sinnvoll, sich daran zu erinnern, dass Texte von Sufi-Meistern – Ibn Arabi wird als einer ihrer Größten betrachtet – nicht nur Informationen, jedenfalls nicht nur dem Verstand zugängliche Information, vermitteln wollen. Ihre Funktion und Aufgabe ist es, Spiegel zu sein, Spiegel für die Absichten, Fragen und Annahmen des Lesers. Texte von Sufi-Meistern bieten dem Suchenden Hilfe auf seinem Weg zum wichtigsten Wissen, das es für den Menschen überhaupt gibt, Hilfe bei Suche nach der Kenntnis seiner selbst.

In Ibn Arabis eigener Einleitung zu seinem riesigen, in westlichen Sprachen erst in Fragmenten zugänglichen Werk *Futuhat al-Makkiyah*[1] unterscheidet er drei Arten von Wissen: 1. Wissen durch den Intellekt, 2. Wissen durch unmittelbare Erfahrung, Wissen der ›Zustände‹ und 3. das Wissen der (Göttlichen) Geheimnisse. Diese letzte, höchste Form des Wissens unterteilt er dann nochmals in drei Gruppen. Er sagt: »Jedes Wissen, dessen Bedeutung nach klarer Erläuterung leicht verstanden werden kann oder das dem klugen Lernenden leicht zugänglich ist, gehört zum Wissen des prüfenden (logischen) Verstandes (der niedrigsten Stufe) ... Das ›Wissen der Geheimnisse‹ ist nicht solcher Art. Denn wenn das (rationale) interpretative Vermögen es aufnimmt, wird es unangenehm schwierig.«[2]

Er führt dann die verschiedenen Arten des Wissens aus und macht darauf aufmerksam, dass die höchste Form des Wissens, welche er manchmal auch das ›Wissen des Einatmens des Heiligen Geistes im Herzen‹ nennt und in der jede andere Form des Wissens enthalten ist, nur von der angemessen vorbereiteten Person empfangen werden kann. Gerade für uns, die wir in der westlichen Kultur mit ihrer einseitigen Betonung der intellektuellen Fähigkeiten aufgewachsen und erzogen worden sind, scheint es mir wesentlich, diese notwendige Vorbereitung zu verstehen und

---

1. James Winston Morris: *How to Study the Futuhat: Ibn Arabi's Own Advice*, in: Muhyiddin Ibn Arabi: *A Commemorative Volume*, S. 76; Element Books, Shaftesbury, Dorset 1993.
2. Ebenda, S. 79.

auch zu praktizieren; wesentlich nicht nur für das Studium und, so Er will, auch das Verständnis heiliger Schriften, sondern für den gesamten Lebenswandel, gerade auch im Alltag.

»Die angemessen vorbereitete Person ist andauernd in Erinnerung oder Gebet *(dhikr)* und geistigem Rückzug, leert den Raum des Denkens (des Herzens) und sitzt wie ein armer Bettler, der nichts hat, vor der Türschwelle ihres Herrn...«[3]

Das Studium ist also als ein heiliger Akt zu betrachten und erfordert die einem solchen Ereignis angemessene Vorbereitung. Es geht dabei viel weniger darum, etwas aus dieser Aktivität zu gewinnen oder eine gute Leistung zu erbringen, als vielmehr darum zu lernen, wie wir unser Leben zu Gebet, zu Lobpreis werden lassen können.

»Bitte gewähre uns vollkommenes Verstehen und mach, dass wir dieses Geschenkes würdig sind.«

Lenzburg, Schweiz, April 1994

---

3. Ebenda, S. 75.

Dies ist die
Aussage des größten Scheichs,

Muhyiddin Ibn Arabi
(möge Gott sein erhabenes Geheimnis heiligen),
in Erklärung eines Ausspruchs
des Propheten Mohammed (mit dem Friede sei):
»Wer sich selbst kennt, kennt seinen Herrn.«

* *
*

IM NAMEN GOTTES, DES ERBARMERS, DES BARMHERZIGEN,

und Ihn bitten wir um Hilfe: Gepriesen sei Gott, vor Dessen Einssein kein Vorher war, es sei denn, das Vorher wäre Er, und nach Dessen Einzigkeit kein Nachher ist, es sei denn, das Nachher sei Er. Er ist, und mit Ihm ist weder Nachher noch Vorher, weder Über noch Unter, weder Fern noch Nah, weder Vereinigung noch Teilung, weder Wie noch Wo noch Wann, weder Zeiten noch Augenblick noch Alter, weder Seiendes noch Ort. Und Er ist jetzt ebenso, wie Er war. Er ist der Eine ohne Einssein und der Einzige ohne Einzigkeit. Nicht zusammengesetzt aus Namen und Benanntem ist Er, denn Sein Name ist Er und Sein Benanntes ist Er. Also ist da kein Name, außer Ihm, noch Benanntes. Und so ist Er denn der Name und das Benannte. Er ist das Erste ohne Erstheit und das Letzte ohne Letztheit. Er ist das Äußere ohne Äußerlichkeit und das Innere ohne Innerlichkeit. Ich meine damit, dass Er das Dasein selbst des Ersten ist und das Dasein selbst des Letzten und das Dasein selbst des Äußeren und das Dasein selbst des Inneren. So dass da weder Erstes ist noch Letztes noch Außen noch Innen außer Ihm, ohne dass diese Er würden noch Er sie.

* *
*

Verstehe denn, auf dass du nicht in den Irrtum der *hululis*[1] verfällst: Er ist nicht in den Dingen, noch sind die Dinge in Ihm, weder eintretend noch ausgehend. Es ist notwendig, dass du Ihn solcherart kennst, nicht durch Wissen *(ilm)*, noch durch den Intellekt, noch durch Verständnis, noch durch Vorstellung, noch durch die Sinne, noch durch das äußere Auge, noch durch das innere Auge, noch durch Wahrnehmung. Es sieht Ihn nichts außer Er selbst; es nimmt Ihn nichts wahr als Er selbst. Allein durch Sich selbst sieht Er Sich selbst, und allein durch Sich selbst kennt Er Sich selbst. Keiner sieht Ihn außer Ihm, und keiner außer Ihm nimmt Ihn war. Sein Schleier[2] ist [nur ein Teil] Seines Einsseins; nichts verschleiert außer Er. Sein Schleier ist [nur] das Verbergen Seines Daseins in Seinem Einssein, ohne jede Eigenschaft. Keiner sieht Ihn außer Ihm – kein gesandter Prophet, kein vervollkommneter Heiliger, kein in Seine Trautheit[3] gebrachter Engel kennt Ihn. Sein Prophet ist Er, und Seine Sendung ist Er, und Sein Wort ist Er. Er sandte Sich selbst durch Sich selbst von Sich selbst zu Sich selbst. Es war kein Vermittler noch irgendeine Ursache außer Ihm. Es besteht kein Unterschied zwischen Sender und Gesendetem, Gesandtem und Empfänger. Das Dasein selbst der prophetischen Botschaft ist Sein Dasein. Es gibt nichts anderes, und es gibt für anderes außer Ihm weder Dasein noch Entwerden *(fana)*, noch Name, noch Benanntes.

* * *

Und deshalb sprach der Prophet (Friede sei mit ihm): »Wer sich selbst kennt, kennt seinen Herrn.« Und er (mit dem Friede sei) sprach: »Ich kenne meinen Herrn durch meinen Herrn.« Der Prophet (Friede sei mit ihm) weist so darauf hin, dass du nicht du bist: Du bist Er ohne dich; weder so, dass Er in dich eintritt oder du in Ihn, noch so, dass Er aus dir entspringt oder du aus Ihm. Und damit ist nicht gemeint, dass du oder dass deine Eigenschaften etwas sind, was existiert; sondern es ist damit gemeint, dass du nie warst, noch sein wirst, weder durch dich selbst noch durch Ihn, noch in Ihm, noch mit Ihm. Du hörst weder auf zu sein, noch bleibst du bestehen. Du bist Er, ohne eine dieser

---

1. Sie glauben an Inkarnationen Gottes.
2. Das heißt das phänomenale Dasein.
3. Koran, Sure 4:171.

Begrenzungen. Wenn du demnach dein Dasein an sich solcherart kennst, dann kennst du Gott; und wenn nicht, dann nicht.

* *
 *

Und die meisten ›jener, die Gott kennen‹ *(al-urraf)*, machen das Entwerden und das Aufhören dieses Entwerdens zu einer Bedingung für das Erreichen der Kenntnis Gottes; und das ist ein Irrtum und ein klares Versehen. Denn die Kenntnis Gottes setzt nicht das Entwerden des Daseins an sich noch das Aufhören dieses Entwerdens voraus. Dinge haben nämlich kein Dasein an sich; und was kein Dasein hat, kann nicht zu sein aufhören. Denn das Entwerden bedeutet, dass das Dasein an sich vorausgesetzt wird; und das ist Polytheismus. Wenn du demnach dich selbst ohne Dasein oder Entwerden kennst, dann kennst du Gott; und wenn nicht, dann nicht.

* *
 *

Und das Abhängigmachen der Kenntnis Gottes vom Entwerden und dem Aufhören dieses Entwerdens enthält eine Behauptung des Polytheismus. Denn der Prophet (Friede sei mit ihm) sprach: »Wer sich selbst kennt«, und nicht: »Wer sich zum Entwerden bringt.« Denn die Bekräftigung des anderen macht seine Auslöschung unmöglich; und [andererseits] ist die Auslöschung von dem nicht zulässig, dessen Bejahung nicht zulässig ist. Dein Dasein an sich ist nichts; und nichts kann nicht zu etwas hinzugefügt werden, sei es vergänglich oder unvergänglich, daseiend oder nicht-daseiend. Der Prophet weist auf die Tatsache hin, dass du jetzt unbestehend bist, wie du es vor der Schöpfung warst. Denn jetzt ist das Anfangslose, und jetzt ist das Endlose, und jetzt ist die Ewigkeit. Und Gott (Sein Name sei gepriesen) ist das Dasein des Anfangslosen und das Dasein des Endlosen und das Dasein der Ewigkeit, jedoch ohne dass das Anfangslose oder das Endlose oder die Ewigkeit jemals bestünden. Denn wenn dem nicht so wäre, so wäre Er nicht allein, ohne jeglichen Gefährten; und es ist unerlässlich, dass Er allein, ohne jeglichen Gefährten sei. Denn Sein ›Gefährte‹ wäre jener, dessen Dasein in seinem eigenen Wesen bestünde, nicht im Dasein Gottes; und wer immer sich in dieser Lage befände, wäre nicht von Ihm abhängig. Dann gäbe es in diesem

Fall einen zweiten Herrn, was absurd ist: Gott (Sein Name sei gepriesen) kann keinen Gefährten noch Seinesgleichen noch einen Ebenbürtigen haben. Und wer immer auch ein Ding als mit Gott oder getrennt von Gott oder in Gott betrachtet, aber Ihm in Bezug auf Seine Göttlichkeit[4] unterworfen, macht aus diesem Ding auch einen Gefährten, der Gott [nur] in Bezug auf Seine Göttlichkeit unterworfen ist. Und wer immer zulässt, dass irgendetwas Seite an Seite mit Gott besteht, sei es selbständig oder in Gott oder fähig, zu entwerden oder das Entwerden aufzuhören, der ist fern von dem, was nach einem Hauch der Kenntnis der Seele riecht. Denn wer immer zulässt, dass er neben Gott besteht, indem er zuerst in Ihm besteht und dann in Ihm ausgelöscht wird und schließlich seine Auslöschung ausgelöscht wird – dann wird ein Auslöschen mit dem anderen verbunden, und das ist Polytheismus über Polytheismus. Also ist er ein Polytheist, nicht einer, der Gott und sich selbst kennt.

* * *

Wenn dann einer fragt: »Wo liegt der Weg der Kenntnis der Seele und der Kenntnis Gottes (Sein Name sei gepriesen)?«, dann lautet die Antwort: Der Weg der Kenntnis dieser beiden ist, dass du verstehst, dass Gott ist und dass da mit Ihm kein Ding ist. Er ist jetzt, wie Er war.

* * *

Wenn dann einer sagt: »Ich sehe mich als etwas anderes als Gott, und ich sehe nicht, dass Gott ich ist«, dann lautet die Antwort: Der Prophet (Gott segne ihn und schenke ihm Frieden) meinte mit der Seele dein Dasein und deine Wirklichkeit, nicht die ›Seele‹, die ›fordernd‹, ›tadelnd‹ und ›befriedet‹ genannt wird.[5] Aber in der ›Seele‹ wies er auf alles, was es neben Gott (Dessen Name gepriesen sei) gibt, so wie der Prophet (Gott segne ihn und schenke ihm Frieden) sprach: »Oh, mein Gott, zeige mir die Dinge klar, so wie sie sind«; wobei mit ›Dingen‹ all das gemeint ist, was neben Gott (Sein Name sei gepriesen) ist, das heißt: »Lasse mich wissen, was

---

4. Arabisch *rubbubiyah*, von Seinem Namen *ar-Rabb*, der Herr (Anmerkung des Übersetzers).

5. Diese ›Seele‹ würden wir »Fleisch« nennen.

außer Dir ist, auf dass ich die Dinge verstehen und kennen mag, welcher Art sie sind – ob sie Du sind oder anderes als Du und ob sie alt und beständig oder jung und vergänglich sind.« Dann zeigte ihm Gott, was neben Ihm war ohne das Dasein dessen, was neben Ihm ist. So sah er die Dinge, wie sie sind: Ich meine, er sah, dass die Dinge das Wesen Gottes (Sein Name sei gepriesen) sind, ohne Wie noch Wo. Und die Bezeichnung ›Dinge‹ schließt die Seele und andere Dinge als sie ein. Denn das Dasein der Seele und das Dasein anderer Dinge sind sich in Bezug auf das ›Ding-Sein‹ gleich, das heißt, sie sind nichts. Denn in Wirklichkeit ist das Ding Gott, und Gott wird ein Ding genannt. Wenn du also die Dinge kennst, so kennst du die Seele, und wenn du die Seele kennst, so kennst du den Herrn. Denn der, von dem du denkst, er sei neben Gott, der ist nicht neben Gott; aber du kennst Ihn nicht, und du siehst Ihn und verstehst nicht, dass du Ihn siehst. Und wenn dir dieses Geheimnis offenbart ist, verstehst du, dass du nicht bist, was neben Gott ist, und dass du dein eigen Ziel und Gegenstand in deiner Suche nach deinem Herrn bist und dass es nicht erforderlich ist, dass du entwerdest, und dass du bestanden hast und bestehen wirst ohne Wann und ohne Zeiten, wie wir oben erwähnten. Und du siehst, dass all deine Handlungen Seine Handlungen sind und dass all Seine Eigenschaften deine Eigenschaften sind. Du siehst, dass dein Äußeres Sein Äußeres ist und dass dein Inneres Sein Inneres ist und dein Erstes Sein Erstes und dein Letztes Sein Letztes, ohne Zweifel und ohne Schwanken. Und du siehst, dass deine Eigenschaften Seine Eigenschaften sind und dass dein Wesen Sein Wesen ist, ohne dass du Er wirst oder Er du, weder im höchsten noch im geringsten Grad. »Alles vergeht, außer Seinem Antlitz.«[6] Das heißt: Es gibt kein Existierendes außer Ihm, noch gibt es Dasein für etwas anderes als Ihn, so dass es erforderlich wäre, dass dieses zu sein aufhöre und Sein Antlitz bleibe. Das heißt: Es gibt nichts außer Seinem Antlitz: »Denn wo immer du dich hinwendest, da ist das Antlitz Gottes.«[7]

* *
*

---

6. Koran, Sure 28:89.
7. Koran, Sure 2:116.

WER SICH SELBST KENNT...

Es ist, als kennte einer ein Ding nicht, und nachher kennt er es. Sein Dasein an sich hört nicht auf, aber seine Unkenntnis hört auf; und sein Dasein an sich geht weiter, wie es war, ohne dass sein Dasein gegen ein anderes ausgetauscht oder das Dasein der unwissenden Person mit dem Dasein der wissenden verbunden oder vermengt würde, sondern so, dass [bloß] die Unwissenheit hinweggenommen wird. Denke also nicht, dass es erforderlich ist, dass du zu sein aufhörst. Denn wenn es erforderlich wäre, dass du zu sein aufhörtest, so wärest du solchenfalls Sein Schleier und der Schleier ein anderes als Gott (Sein Name sei gepriesen); was erfordert, dass ein anderes als Er Ihn überwunden hätte, indem es verhinderte, dass Er gesehen wird; und dies ist ein Irrtum und ein Versehen. Und wir haben oben erwähnt, dass Sein Schleier [nur ein Teil] Seines Einsseins ist und Seine Einzigkeit nichts anderes als dies. Und daher ist es dem, der zur Wirklichkeit vereint ist, erlaubt zu sagen: »Ich bin die Wahrheit« und »Gepriesen sei Ich.« Aber keiner erlangt die Vereinigung, außer er erkennt, dass seine eigenen Eigenschaften die Eigenschaften Gottes (Sein Name sei gepriesen) sind und sein eigenes Wesen das Wesen Gottes (Sein Name sei gepriesen) ist, ohne dass seine Eigenschaften oder sein Wesen in Gott eingehen oder Ihm in irgendeiner Art entspringen oder von Gott weggehen oder in Ihm verbleiben. Und er sieht, dass er nie gewesen ist, dass er nicht zuerst gewesen ist und dann zu sein aufgehört hat. Denn es gibt keine Seele außer Seiner Seele, und es gibt kein Dasein außer Seinem Dasein.

* *
 *

Und darauf wies der Prophet (Friede sei mit ihm) hin, als er sprach: »Schmähe nicht die Welt, denn Gott – Er ist die Welt.« Und er wies auf die Tatsache hin, dass das Dasein der Welt Gottes Dasein ohne Gefährten oder Ähnliches oder Gleiches ist. Und es wird gesagt, dass der Prophet (Friede sei mit ihm) berichtete, dass Gott (Sein Name sei gepriesen) [zu Moses] sagte: »Oh, mein Diener, Ich war krank, und du besuchtest Mich nicht; Ich erbettelte von dir, und du gabst Mir nicht.« Mit diesen und ähnlichen Ausdrücken wies er auf die Tatsache hin, dass das Dasein des Bettlers Sein Dasein ist und dass das Dasein des Kranken Sein Dasein ist. Und wenn eingestanden wird, dass das Dasein des Bettlers und das Dasein des Kranken Sein Dasein sind, dann wird eingestanden, dass dein Dasein Sein Dasein ist und dass das Dasein aller geschaffenen Dinge, sowohl der Akzidenzien als auch der Substanzen, Sein Dasein ist. Und wenn das Geheimnis eines Atoms der Atome klar ist, dann ist das Geheimnis aller geschaffenen Dinge, sowohl der äußeren als auch der inneren, klar; und du siehst weder in dieser noch in der nächsten Welt irgendetwas anderes als Gott, sondern das Dasein dieser zwei Stätten und ihr Name wie auch ihr Benanntes, sie alle sind Er ohne Zweifel und ohne Schwanken. Und du siehst Gott nicht, als hätte Er jemals etwas geschaffen, sondern du siehst: »Jeden Tag ist Er geschäftig,«[8], indem Er Sein Dasein offenbart oder es verbirgt, ohne jede Eigenschaft, denn Er ist der Erste und der Letzte und der Äußere und der Innere. Er ist äußerlich in Seinem Einssein und innerlich in Seiner Einzigkeit; Er ist der Erste in Seinem Wesen und Seiner Unwandelbarkeit und der Letzte in Seinem Immerwähren. Das Dasein selbst des Ersten ist Er, und das Dasein selbst des Letzten ist Er, und das Dasein selbst des Äußeren ist Er, und das Dasein selbst des Inneren ist Er. Er ist Sein Name, und Er ist Sein Benanntes. Und wie Sein Dasein ›notwendig‹ ist, so ist das Nichtsein von allem außer Ihm notwendig. Denn das, wovon du denkst, es sei neben Ihm, ist nicht neben Ihm. Denn Er lässt nicht zu, dass irgendetwas anderes als Er ist. Nein, das andere ist Er, und es gibt keine Andersheit. Das andere ist mit Seinem Dasein und in Seinem Dasein, äußerlich und innerlich.

* *
*

Die Person, auf die diese Beschreibung zutrifft, ist mit vielen Eigenschaften ohne Grenzen oder Ende begabt. Aber ebenso wie jener, der den Tod des Körpers stirbt, alle seine Eigenschaften verliert, die lobenswerten wie die tadelnswerten, so werden im Sufi-Tod alle Eigenschaften, die lobenswerten wie die tadelnswerten, abgeschnitten und Gott (Sein Name sei gepriesen) tritt in allen seinen Zuständen an seine Stelle. So tritt an die Stelle seines Wesens das Wesen Gottes (Sein Name sei gepriesen), und an die Stelle seiner Eigenschaften treten die Eigenschaften Gottes (Sein Name sei gepriesen).

* *
*

---

8. Koran, Sure 55:30.

Und so sprach der Prophet (Gott segne ihn und schenke ihm Frieden): »Sterbt, bevor ihr sterbt«; das heißt, erkennt euch, bevor ihr sterbt. Und er (Friede sei mit ihm) sprach: »Gott (Sein Name sei gepriesen) hat gesagt: ›Der Verehrer hört nicht auf, sich Mir mit guten Werken zu nähern, bis Ich ihn liebe. Dann, wenn Ich ihn liebe, bin Ich ihm Gehör und Augenlicht und Zunge und Fuß bis zum Ende‹«. Damit weist er auf die Tatsache hin, dass der, der sich selbst kennt, sein ganzes Dasein als Sein Dasein sieht und keine Veränderung in seinem Wesen oder seinen Eigenschaften vorgehen sieht und merkt, dass er nicht das Dasein seines Wesens war, sondern bloß unwissend um die Kenntnis seiner selbst. Denn wenn du ›dich selbst kennst‹, wird dein Egoismus weggenommen und du erkennst, dass du nichts anderes als Gott bist. Denn hättest du ein unabhängiges Dasein gehabt, so dass das Entwerden oder die ›Kenntnis deiner selbst‹ nicht notwendig gewesen wären, wärest du ein Herr neben Ihm – und Gott behüte, dass Er neben Sich noch einen Herrn geschaffen haben sollte.

*   *
    *

Der Nutzen der Kenntnis der Seele ist, dass du verstehst und sicher bist, dass dein Dasein weder seiend noch nicht-seiend ist und dass du nicht bist noch warst, noch je sein wirst.

Demnach ist die Bedeutung der Aussage »Es gibt keinen Gott außer Gott« klar, da es keinen Gott gibt außer Ihm, noch anderem Dasein zuteil wird außer Ihm, so dass es nichts anderes gibt als Ihn – und keinen Gott außer Ihm.

*   *
    *

Wenn dann einer sagt: »Du machst Seine Herrschaft nichtig«, dann lautet die Antwort: Ich mache nicht Seine Herrschaft nichtig. Denn Er ist noch immer Herrscher wie auch Beherrschter und ist noch immer Schöpfer wie auch Geschöpf. Was Seine Schöpfergewalt und Seine Herrschaft anbelangt, so war und ist Er auch jetzt nicht auf ein Geschöpf oder etwas Abhängiges angewiesen, weil Er Schöpfer und Geschöpf sowie Herrscher und Beherrschtes ist. Als Er die Dinge, die sind, ins Dasein rief, war Er [schon] mit allen Eigenschaften ausgestattet. Und Er ist jetzt, wie Er damals war. In Seinem Einssein ist kein Unterschied zwischen dem jüngst Entstandenen und dem Ursprünglichen. Das jüngst Entstandene ist die Folge Seines Sich-Offenbarens, und das Ursprüngliche ist die Folge Seines In-Sich-selbst-Ruhens. Sein Äußeres ist Sein Inneres, und Sein Inneres ist Sein Äußeres; Sein Erstes ist Sein Letztes, und Sein Letztes ist Sein Erstes; und alles ist eins, und der Eine ist alles. Die Definition Seiner lautet: »Jeden Tag ist Er geschäftig«, und es war nichts außer Ihm. Und Er ist jetzt, wie Er damals war, und es hat in Wirklichkeit nichts ein Dasein, was neben Ihm ist. So, wie Er anfangslos und ewig »jeden Tag geschäftig« war, und es gab kein Seiendes außer Ihm, so ist Er jetzt gleich wie Er damals war »jeden Tag geschäftig«, und da gibt es kein Geschäft und keinen Tag, wie es im Anfangslosen und in Ewigkeit keinen Tag und kein Geschäft gab. Und das Dasein der geschaffenen Dinge und ihre Nicht-Existenz sind sich gleich. Und wenn das nicht so wäre, gäbe es notwendigerweise die Erzeugung von etwas Frischem, das vorher nicht in Seinem Einssein war, und das wäre ein Mangel, und dafür ist Sein Einssein zu erhaben!

* * *

Wenn du dich demnach auf diese Weise kennst, ohne Gott (Sein Name sei gepriesen) ein Ähnliches oder Gleiches oder einen Gefährten beizufügen, dann weißt du, wie es wirklich ist. Und deshalb sprach er (Friede sei mit ihm): »Wer sich selbst kennt, kennt seinen Herrn.« Er hat nicht gesagt: «Wer sich dazu bringt zu entwerden, kennt seinen Herrn«; denn er (Friede sei mit ihm) verstand und sah, dass es nichts gibt außer Ihm. Danach wies er darauf hin, dass die Kenntnis der Seele die Kenntnis Gottes (Sein Name sei gepriesen) ist. Das heißt: »Wisse, dass dein Dasein nicht dein Dasein noch ein anderes als dein Dasein ist. Denn du bist nicht seiend noch nicht-seiend, noch anders als seiend, noch anders als nicht-seiend. Dein Dasein an sich und deine Nicht-Existenz sind Sein Dasein, und doch ohne dass es Dasein an sich oder Nicht-Dasein gäbe, weil dein Dasein und deine Nicht-Existenz in Wirklichkeit Sein Dasein sind.« Wenn du also siehst, dass die Dinge (ohne zugleich zusammen mit Gott ein anderes Ding zu sehen) Er sind, kennst du dich selbst. Und wahrlich: Dich selbst nach dieser Art zu kennen, heißt Gott zu kennen, ohne Schwanken und ohne Zweifel und ohne das jüngst Entstandene mit dem Ursprünglichen in irgendeiner Weise zu vermischen.

* * *

Wenn dann einer fragt: »Wie liegt der Weg zur Vereinigung, wenn du versicherst, dass da kein anderes als Er ist und ein Ding nicht mit sich selbst vereint werden kann?«, dann lautet die Antwort: Zweifelsohne gibt es in Wirklichkeit weder Vereinigung noch Teilung, noch Fern, noch Nah. Denn Vereinigung ist nicht möglich außer zwischen zweien; und wenn es nur eines gibt, kann es weder Vereinigung noch Teilung geben. Denn Vereinigung erfordert zwei, entweder Ähnliche oder Unähnliche. Wenn sie aber ähnlich sind, so sind sie Gleiche, und wenn sie unähnlich sind, so sind sie Gegensätze; und Er (Sein Name sei gepriesen) verschmäht es ebenso, einen Gleichen zu haben als auch einen Gegensatz, so dass Vereinigung etwas anderes ist als Vereinigung und Nähe etwas anderes als Nähe und Ferne etwas anderes als Ferne. So gibt es Vereinigung ohne Vereinigung und Nähe ohne Nähe und Ferne ohne Ferne.

* * *

Wenn dann irgendeiner sagt: »Erkläre uns diese ›Vereinigung ohne Vereinigung‹. Und was ist die Bedeutung dieser ›Nähe ohne Nähe‹ und dieser ›Ferne ohne Ferne‹?«, dann lautet die Antwort: Ich meine damit, dass du in den Stufen deines Nahekommens und Fernbleibens nicht ein Ding neben Gott (Sein Name sei gepriesen) warst, sondern dass du nicht die ›Kenntnis der Seele‹ hattest und nicht verstandest, dass du Er bist ohne dich. Wenn du dann mit Gott (Sein Name sei gepriesen) vereinigt bist – das heißt, wenn du dich selbst kennst (obwohl die Kenntnis selbst nicht existiert) – verstehst du, dass du Er bist. Und du warst dir vordem nicht bewusst, dass du Er warst oder Er etwas anderes als Er. Dann, wenn dieses Wissen sich dir eröffnet, verstehst du, dass du Gott durch Gott kennst, nicht durch dich selbst.

* * *

Nimm ein Beispiel: Angenommen, du weißt nicht, dass dein Name Mahmud ist oder das in dir Benannte Mahmud heißt. Wenn aber der Name und das Benannte in Wirklichkeit eins sind und du denkst, dass dein Name Muhammad sei, und du nach einiger Zeit erfährst, dass du Mahmud bist, dann geht dein Dasein weiter, aber der Name Muhammad wird von dir abgeschnitten dadurch, dass du zur Kenntnis deiner selbst gelangst, dass du

Mahmud bist und Muhammad nur dadurch warst, dass du aufhörtest, du selbst zu sein. Und ›aufhören‹ setzt eine Bestätigung des Daseins voraus, und wer immer ein Dasein neben Ihn setzt, schafft Ihm (gepriesen und gesegnet sei Sein Name) einen Gefährten. Nichts Bestehendes wird also Mahmud genommen, noch hört Muhammad in Mahmud auf zu sein, noch geht er in ihn ein, noch entspringt er ihm, noch Mahmud in Muhammad; sobald aber Mahmud sich selbst kennt, dass er Mahmud ist und nicht Muhammad, kennt er sich selbst durch sich selbst, nicht durch Muhammad. Denn, da Mohammed nie auch nur im Geringsten existiert hat, wie könnte dann etwas, das sehr wohl existiert, durch ihn erkannt werden?

* *
 *

Also sind der Wissende und das, was er weiß, beide eins; und der, der vereinigt, und der, mit dem er sich vereinigt, sind eins, und Seher und Gesehenes sind eins. Denn der Wissende ist Seine Eigenschaft, und das Gewusste ist Sein Wesen; und der, der vereinigt, ist Seine Eigenschaft, und der, mit dem er sich vereinigt, ist Sein Wesen; und die Eigenschaft und der, dem sie eigen ist, sind eins. Und dies ist die Erklärung des Spruches: »Wer sich selbst kennt, kennt seinen Herrn.«

* *
 *

Wer immer also dieses Beispiel versteht, weiß, dass es weder Vereinigung noch Teilung gibt, und er weiß, dass Er der Wissende ist und Er das Gewusste ist und Er der Seher ist und Er der Gesehene ist, dass Er es ist, Der Sich vereinigt, und Er der ist, mit Dem Er Sich vereinigt. Es vereinigt sich mit Ihm nichts anderes als Er, und es ist von Ihm nichts getrennt außer Ihm. Und wer immer dies versteht, ist frei vom Polytheismus des Polytheismus, und wenn nicht, so hat er keinen Hauch der Freiheit vom Polytheismus verspürt.

* *
 *

Die meisten ›derer, die wissen‹ (die denken, dass sie sich selbst und ihren Herrn kennen und dass sie vom Irrglauben des Daseins befreit sind), sagen, dass der Weg nicht begangen werden kann, ohne

Entwerden und das Aufhören dieses Entwerdens. Das kommt daher, dass sie den Spruch des Propheten (Gott segne ihn und gebe ihm Frieden) nicht verstehen. Und weil sie den Polytheismus austilgen müssen, weisen sie einmal auf die Vereinigung, das heißt auf das Entwerden, und ein andermal auf das Aufhören dieses Entwerdens und wieder ein andermal auf die Auslöschung und schließlich auf die Auflösung ins Nichts. Und all diese Erklärungen sind unverfälschter Polytheismus. Denn wer immer zugesteht, dass es etwas außer Ihm gibt und dass es nachher zu sein aufhört, oder ein Aufhören seiner Auslöschung zugesteht, der bestätigt das Dasein eines neben Ihm Bestehenden. Und wer immer dies tut, schafft Gott einen Gefährten. Möge Gott sie und uns zur Mitte des Weges führen!

Hymne

Du dachtest, im Denken versunken, du seiest du,
Und du bist nicht du, bist nie du gewesen.
Denn wärest du du, so wärst du ein Herr
Und ein Zweiter von Zweien. Lass, was du denkst.
Es gibt keinen Unterschied zwischen Seinem Sein und
    dem Deinem:
Er ist von dir nicht gesondert, noch Du von Ihm.
Denn sagst du in Unwissenheit, du seiest ein Anderer,
So bist du verstockt, und hört dein Unwissen auf, so bist
    du gelehrig.
Deine Vereinigung ist Flucht und deine Flucht Vereinigung,
Und dein Fern ist nah. Darin bist du gesegnet.
Lass den Verstand, und verstehe durch Intuition,
Dass dir das nicht entgehe, dem deine Wachsamkeit gilt.
Und schaffe Gott keinen Gefährten, woraus auch immer,
Auf dass es dir wohl ergehe: Im Polytheismus war's dir bequem.

* *
*

Wenn dann einer sagt: »Du beweist, dass deine Kenntnis deiner selbst die Kenntnis Gottes ist; und der, der sich selbst kennt, ist etwas anderes als Gott. Wie kann dann etwas anderes als Gott Gott kennen, und wie kann es mit Ihm vereinigt werden?« – dann lautet die Antwort: Der, der sich selbst kennt, versteht, dass sein Dasein nicht sein eigenes Dasein ist, sondern sein Dasein ist Gottes Dasein, ohne dass sein Dasein zu Gottes Dasein wird (gepriesen sei Sein Name) und ohne dass sein Dasein in Gott eintritt oder aus Ihm entspringt, noch dass sein Dasein zugleich mit Gott oder in Ihm besteht. Aber er sieht sein Dasein in dem Zustand, in dem es war, bevor es überhaupt war. Also gibt es weder Erlöschen, noch Auslöschung, noch Erlöschen des Erlöschens. Denn das Erlöschen eines Dinges setzt vorerst sein unabhängiges Dasein voraus, und sein unabhängiges Dasein setzt voraus, dass es in sich selbst bestehe und nicht durch Gottes Macht (Sein Name sei gepriesen), was eindeutig absurd ist.

* *
 *

Verstehe daher, dass des Wissenden Kenntnis seiner selbst Gottes Kenntnis Seiner selbst ist, weil seine Seele nichts ist als Er. Und der Prophet (Friede sei mit ihm) meinte mit ›Seele‹ das Dasein. Und wer immer diesen Zustand erreicht, sein Dasein ist nichts mehr, äußerlich oder innerlich, als Sein Dasein (Sein Name sei gepriesen). Nein, sein Dasein ist das Dasein Gottes (Sein Name sei gepriesen) und sein Wort das Wort Gottes (Sein Name sei gepriesen) und seine Tat die Tat Gottes (Sein Name sei gepriesen); und sein Anspruch auf die Kenntnis Gottes ist ein Anspruch auf die Kenntnis seiner selbst. Aber du hörst den Anspruch als wie von ihm, und du siehst die Tat als wie von ihm, und du siehst sein Dasein als wie ein anderes als Gott, so wie du dich selbst als etwas anderes als Gott siehst aufgrund deiner Unkenntnis deiner selbst. Wenn daher »der Gläubige der Spiegel des Geglaubten ist«[9], ist er Er in Seinem eigenen Auge, das heißt in Seiner eigenen Sicht, denn sein Auge ist das Auge Gottes und seine Sicht ist die Sicht Gottes. Und er ist nicht Er in deinem Auge oder deinem Wissen oder deinem Verständnis oder deiner Vorstellung oder deinem Denken oder deiner Sicht. Aber er ist Er in Seinem Auge und Seinem Wissen und Seiner Sicht. Wenn also einer sagt: »Ich bin Gott«, so horche auf ihn, denn es ist Gott (Sein Name sei gepriesen), Der sagt: »Ich bin Gott«, nicht er. Du aber hast nicht das erreicht, was er erreicht hat.

9. Ein dem Propheten zugeschriebener Ausdruck.

Denn hättest du erreicht, was er erreicht hat, würdest du verstehen, was er sagt, und sagen, was er sagt, und sehen, was er sieht.

* *
*

Und so ist, allgemein gesagt, das Dasein der Dinge Sein Dasein, ohne dass sie selbst überhaupt sind. Falle aber nicht einer Zweideutigkeit zum Opfer, indem du dir aus diesen Beweisen vorstellst, dass Gott erschaffen sei. Denn einer ›derer, die wissen,‹ hat gesagt: »Der Sufi ist unerschaffen«; und das ist nach der vollkommenen Enthüllung und dem Aufhören aller Zweifel und Vorstellungen. Aber dieser Spruch *(luqmah)* ist nur für jenen, der eine Natur hat, die weiter ist als die zwei Welten[10]; und den, dessen Natur wie die der zwei Welten ist, betrifft es nicht, denn er ist edler als die zwei Welten.

* *
*

Und, umfassend, magst du verstehen, dass der Seher und das Gesehene, der Schöpfer und das Geschöpf, der Wissende und das Gewusste, der Wahrnehmende und das Wahrgenommene eins sind. Er sieht sein Dasein an sich in Seinem Dasein und kennt sein Dasein an sich durch Sein Dasein und nimmt sein Dasein an sich durch Sein Dasein wahr, ohne dass irgendeine der Eigenschaften des Wahrnehmens und Sehens und Wissens und ohne dass die Form selbst des Wahrnehmens und Sehens und Wissens existierten. Es ist, als ob sein Dasein an sich ohne Eigenschaft wäre und sein Sehen seiner selbst ohne Eigenschaft und sein Wahrnehmen seiner selbst ohne Eigenschaft und seine Kenntnis seiner selbst ohne Eigenschaft.

* *
*

Wenn dann einer fragt: »In welchem Licht betrachtest du all die hassens- und liebenswerten Dinge? Denn wenn du zum Beispiel Abfall oder Aas siehst, sagst du, es sei Gott (Sein Name sei gepriesen)?« – so lautet die Antwort: Gott behüte, dass Er irgendein solches Ding sei! Aber unser Diskurs ist mit dem, der das Aas nicht als Aas sieht, noch den Abfall als Abfall. Nein, unser Diskurs ist mit dem, der über Sicht verfügt und der nicht blind geboren ist. Denn

---

10. Die materielle und die immaterielle.

der, der sich selbst nicht kennt, ist blind und kann nicht sehen. Und bis die Blindheit scheidet, wird er nicht zu diesen geistigen Angelegenheiten vorstoßen. Aber dieser Diskurs ist mit Gott, mit nichts anderem als Gott, und nicht mit den Blinden. Denn der, der diese Station erreicht, weiß, dass er nichts anderes als Gott ist. Und unser Diskurs ist mit dem, der mit Entschluss und Energie sucht, sich selbst zu kennen, auf dass er Gott kenne, und der in seinem Herzen das Bild seiner Suche und seiner Sehnsucht nach der Vereinigung mit Gott frisch erhält; und nicht mit dem, der weder Ziel noch Zweck hat.

**

Wenn dann einer sagt: »Gott (Sein Name sei gepriesen) hat gesagt: ›Die Augen nehmen Ihn nicht wahr, Er aber nimmt die Augen wahr.‹[11] Du aber sagst das Gegenteil davon. Daher ist das, was du sagst, nicht wahr« – dann lautet die Antwort: Alles, was wir sagen, entspricht dem Sinn des Ausdrucks »Die Augen nehmen Ihn nicht wahr«, das heißt: Da ist niemand, der fähig wäre, und niemand hat die Sicht, die ihn befähigte, Ihn wahrzunehmen. Wenn wir dann annehmen, dass ein Anderer als Er existiert, so müssen wir einräumen, dass dieser Andere Ihn wahrnimmt. Aber Gott (Sein Name sei gepriesen) hat uns in Seinem Wort »Die Augen nehmen Ihn nicht wahr« gewarnt, dass es außer Ihm keinen Anderen gibt. Damit ist gemeint, dass kein Anderer Ihn wahrnimmt; Er aber, der Ihn wahrnimmt, ist Gott (Sein Name sei gepriesen). Also gibt es da keinen Anderen außer Ihm. Er ist es, der Sein eigenes Wesen wahrnimmt, nicht ein Anderer. Also »nehmen Ihn die Augen nicht wahr« einfach deswegen, weil die Augen nichts anderes als Sein eigenes Dasein sind. Und wenn irgendjemand sagt: »Die Augen nehmen Ihn nicht wahr, nur weil sie jüngsten Ursprungs sind und das jüngst Entstandene nicht das Alte und Beständige wahrnimmt«, kennt er sich selbst noch nicht, da es nichts gibt und da es keine Augen gibt außer Ihm. Er also nimmt Sein eigenes Dasein wahr ohne das Dasein der Wahrnehmung und ohne Eigenschaft.

---

11. Koran, Sure 6:104.

WER SICH SELBST KENNT...

Hymne

Ich kenne den Herrn durch den Herrn ohne Zweifel
  noch Schwanken.
Wahrlich ist mein Wesen Sein Wesen ohne Mangel noch Makel.
Kein Werden besteht zwischen diesen Zweien, und meine
  Seele ist es, welche dies Geheimnis offenbart.
Und weil ich mich ohne Vermischung oder Vermengung kenne,
Erreichte ich die Vereinigung mit meinem Geliebten ohne Nah
  oder Fern.
Ich erhielt Gaben vom Herrn der Fülle ohne Vorwurf oder Klage.
Ich habe meine Seele nicht an Ihn verloren, noch verbleibt sie
  dem Herrn der Auflösung.

* *
*

Wenn dann einer fragt: »Du setzt Gott voraus und streitest das Dasein von allem anderen ab, was sind dann diese Dinge, die wir sehen?« – dann lautet die Antwort: Diese Diskurse sind mit dem, der nichts sieht außer Gott. Und mit jenem, der irgendetwas außer Gott (Sein Name sei gepriesen) sieht, haben wir weder Frage noch Antwort, denn er sieht nichts anderes, als was er sieht. Und der, der sich selbst kennt, sieht nichts anderes als Gott; und wer sich selbst nicht kennt, hat Gott nicht gesehen; und jedem Gefäß entströmt der Duft seines Inhalts. Und wir haben oben viel erklärt, und wenn wir mehr als das erklären sollten, so würde jener, der nicht sieht, deswegen nicht sehen noch verstehen noch wahrnehmen; und der, der sieht, sieht ohnehin und versteht ohnehin und nimmt ohnehin schon wahr; und »ein Zeichen genügt dem Gereiften«. Und was den betrifft, der nicht reif ist, würde er weder durch Lehren *(ta'lim)* noch durch Anweisung, noch durch Wiederholung, noch durch Gelehrsamkeit, noch durch den Intellekt reifen – sondern nur durch die Anziehung eines Scheichs, der Reife erlangt hat und ein verständiger Lehrmeister ist, kann der, der den Weg durchreist, von seinem Licht geführt wird und in seiner Kraft wandert, so schließlich Reife erlangen, wenn es der Wille Gottes ist (Sein Name sei gepriesen).

* *
*

WER SICH SELBST KENNT...

Möge Gott
(Sein Name sei gepriesen)
uns und euch Erfolg gewähren in allem,
was Er begehrt und liebt, in Wort und Tat,
in Theorie und Praxis und Licht und Führung.
Wahrlich, Er ist aller Dinge mächtig
und fähig zu antworten.

Muhyiddin Ibn Arabi

von Stefan Bommer

WIE BEI JEDEM GROSSEN MENSCHEN, RANKEN SICH AUCH BEI Muhyiddin Ibn Arabi um die sachlich belegten Kenntnisse über seinen Lebenslauf eine Menge von Legenden. Oft sind es gerade diese, die den wahren Charakter und den Grund für das Auf-der-Erde-Weilen eines religiösen Meisters am besten und genauesten widerspiegeln; denn ein solcher Mensch ist in dieser Welt das, was andere Menschen in ihm erkennen und aus ihm machen. So bezeugen die vielen Geschichten und Legenden um Ibn Arabi seine absolute Meisterschaft in der Funktion als geistiger Lehrer und Führer *(shaykh)*. Er wird auch heute noch von vielen Moslems »der größte Meister *(al-Shaykh al-Akbar)*« genannt.

Muhyiddin Abu Abdallah Muhammadi Ibn Ali Ibn Arabi, al-Tai, al-Hatimi, al-Andalusi (1165–1240) wurde im heute spanischen Murcia in einer gut gestellten Familie geboren. Kriegsereignisse zwangen diese 1172, nach Sevilla zu ziehen, wo Ibn Arabi

seine Jugend verbrachte. 1193 verließ er Spanien zum ersten Mal und zog nach Tunis. Aufgrund einer Vision begann er neun Jahre später eine Art Wanderschaft durch den heutigen Mittleren Osten. Seine Reise begann mit einer Pilgerfahrt nach Mekka. Längere Zeit blieb er in Ägypten, im Irak, in Syrien und in der heutigen Türkei. Im Jahre 1223 ließ er sich in Damaskus nieder, wo er mit einem Kreis von Schülern bis zu seinem Tode verweilte.

Dank seiner vielen gut erhaltenen Schriften ist Ibn Arabis Vita gut dokumentiert. Er verbrachte sein ganzes Leben im Studium, als Schriftsteller und als geistiger Lehrer. Zugleich setzte er sich in seinem sozialen Umfeld und in der Politik ein, was ihn zum Berater einiger Könige machte. Der Umfang seiner Arbeit und seines Wissens ist enorm; nicht ohne Grund wird Ibn Arabi in gewissen islamischen Traditionen »der Pol des Wissens« genannt.

Die Zeit, in der Ibn Arabi wirkte, war auch für Juden und Christen turbulent und geistig sehr bewegt. Es war eine Zeit, in der alle drei abrahamitischen Religionsgemeinschaften untereinander in starker, direkter Berührung standen. Ibn Arabis Werk kann auch heute noch versöhnend wirken, denn unter der Oberfläche beten alle drei auf Abraham zurückgehenden Religionsgemeinschaften zum selben Gott.

»Wisse, oh edler Bruder, dass es zwar viele Pfade gibt, aber nur einen Weg der Wahrheit. Es sind nur Einzelne, die den Weg der Wahrheit suchen. Aber obwohl der Weg der Wahrheit nur einer ist, so hat er doch viele Gestalten, je nach den Umständen, unter denen die Menschen leben, die ihn suchen, je nach der Stärke oder Schwachheit ihrer geistigen Natur, der Geradheit oder Abwegigkeit ihrer Absichten und je nach der gesunden oder krankhaften Art ihrer Beziehung zu ihrem geistigen Ziel« (Ibn Arabi: *Reise zum Herrn der Macht*).

Der Chalice Verlag widmet sich
der Publikation des Werkes von Reshad Feild
und wertvollen Texten aus verschiedenen
spirituellen Traditionen

Unser Verlagsprogramm und weitere Informationen
finden Sie auf unserer Website
www.chalice.ch

www.ingramcontent.com/pod-product-compliance
Lightning Source LLC
Chambersburg PA
CBHW021812220426
43662CB00006B/277